CANCUN

칸 쿤

CHALET Travel Book

CONTENTS

여행 정보 업데이트 ────────

살레트래블 무크 칸쿤 & 리비에라 마야 정보는 2019년 1월까지 수집한 정보와 자료로 만들었습니다. 단, 책에 소개되어 있는 관광지와 숍, 레스토랑의 오픈 시간 및 요금, 교통편과 관련된 내용은 현지 사정에 따라 변경될 수 있습니다. 살레트래블북은 6개월 또는 1년마다 가장 최신 정보가 업데이트된 개정판을 발행합니다.

Tulum
툴룸

Cancun & Riviera Maya Travel Infomation
칸쿤&리비에라 마야 여행 정보

이 책을 보는 방법

본문 정보 ────────

📍	찾아가기	@	홈페이지
🏠	주소	☂	부대 시설
☎	전화번호	⚠	주의 사항
🕐	오픈 시간	⛊	준비물
$	요금(입장료, 숙박 요금)	✔	포함 내역

지도 ────────

📷	관광 명소, 액티비티, 테마파크	🚌	버스 터미널
🛍	숍, 쇼핑몰	🚢	페리 터미널
🛒	슈퍼마켓	🚐	콜렉티보 정류장
🍴	레스토랑 & 바	✈	공항
☕	카페	P	주차장
🍸	나이트 라이프	🚻	화장실
H	리조트, 호텔, 호스텔	🛥	관광 보트(마야코바)
⛱	해변	⛳	골프 코스(마야코바)

GETTING STARTED

CANCUN

칸쿤 & 리비에라 마야
Cancun & Riviera Maya

미국 U.S.A

멕시코
Mexico

로스 카보스
Los Cabos

마이애미
Miami

유카탄 반도
Yucatan Peninsula

칸쿤 Cancun

리오 라가르토스
Rio Lagartos

이슬라 홀박스
Isla Holbox

이슬라 무헤레스
Isla Mujeres

칸쿤
Cancun

유카탄 반도
Yucatan Peninsula

리비에라 마야 Riviera Maya

치첸이트사
Chichen itza

바야돌리드
Valladolid

플라야 델 카르멘
Playa del Carmen

스칼렛
Xcaret

코바
Coba

이슬라 코수멜
Isla Cozumel

셀하
Xel-Há

툴룸
Tulum

바칼라르 Laguna de Bacalar 방면

지역 한눈에 보기

1 유카탄 반도 Yucatan Peninsula
멕시코에서 가장 동남쪽에 있는 유카탄 반도는 고대 마야 문명이 번성했던 곳으로 석회암 암반이 함몰되어 생기는 천연 수영장인 세노테가 가장 많이 발견되는 지역이기도 하다. 유카탄 주와 킨타나로오Quintana Roo 주, 캄페체Campeche 주의 3개 주로 구성되어 있다.

2 리비에라 마야 Riviera Maya
칸쿤 남쪽인 푸에르토 모렐로스에서 시작해 푼타 알렌까지 이어지는 약 130km에 이르는 관광 지구로 400여 개의 고급 리조트가 늘어서 있으며 플라야 델 카르멘, 툴룸, 코수멜 섬까지 모두 포함하고 있다.

3 칸쿤 Cancun
미국인에겐 은퇴 후 살고 싶은 도시 1위, 한국인에겐 신혼여행 목적지 1순위인 칸쿤은 멕시코 관광의 핵심이 되는 곳이다.

4 플라야델카르멘
Playa del Carmen
리비에라 마야 해안가에 있는 도시로 칸쿤과는 다른 역동적인 분위기 때문에 젊은 배낭 여행객에게 각광받고 있다. 이슬라 코수멜, 툴룸과도 가까워서 리비에라 마야를 여행하기 편리하다.

5 툴룸 Tulum
카리브해를 내려다보고 있는 절벽 위의 툴룸 유적지 외에도 툴룸 비치에 특색 있는 호텔과 레스토랑이 가득해 칸쿤, 플라야 델 카르멘보다 더 힙한 여행지로 소문나 있다.

6 마야 유적지 Maya Ruins
칸쿤이 있는 유카탄 반도는 오랜 시간 동안 마야인의 삶의 터전이었다. 신(新)세계 7대 불가사의로 유명한 치첸이트사부터 툴룸, 코바 등에서 마야인의 흔적을 더듬어보자.

7 카리브해주요섬
Caribbean Islands
칸쿤과 플라야 델 카르멘 인근 카리브해에는 도시에서와는 다른 즐길 거리와 휴양을 경험할 수 있는 섬 이슬라 무헤레스, 이슬라 코수멜, 이슬라 홀박스가 자리하고 있다.

8 생태 파크
Ecological and Archaeological Park
액티비티와 관광, 휴양을 두루 즐기기 좋은 스칼렛Xcaret, 셀하Xel-Há, 리오 세크레토Rio Secreto, 익스플로르Xplor, 셀바티카Selvatica 등 다양한 생태 파크는 칸쿤을 찾는 여행자들에게 큰 사랑을 받고 있다.

즐길 거리 한눈에 보기

1 올 인클루시브 리조트
All Inclusive Resort
식사와 액티비티 등 호텔 내 대부분의 시설을 이용할 수 있는 올 인클루시브 리조트는 가성비를 따지는 알뜰족에게도 충분히 매력적이다.

2 해양 스포츠 Marine Sports
초보자를 위한 스노클링, 패들보드부터 쉽게 즐길 수 있는 제트 스키 그리고 고도의 기술이 필요한 카이트 서핑, 플라이보드 등 바다에서 하는 모든 스포츠를 이곳에서 즐길 수 있다.

3 세노테 Cenote
마야인에게 물을 공급해준 수중 동굴 세노테는 유카탄 반도에 내린 신의 축복으로 불린다. 숲이 우거진 정글 속의 깊은 세노테에 풍덩 몸을 빠뜨려보자. 신비롭고 아름다운 세노테에 금방 매료될 것이다.

4 나이트 라이프 Nightlife
서너 시간 동안 이어지는 환상적인 쇼가 펼쳐지는 코코봉고부터 거품 파티로 유명한 만달라, 라틴 아메리카에서 가장 큰 규모를 자랑하는 더 시티까지 라스베이거스의 밤에 뒤지지 않을 만큼 칸쿤의 밤은 화려하다.

올 인클루시브 리조트에서의 멋진 휴가

칸쿤의 호텔 존에 있는 호텔뿐만 아니라 플라야 델 카르멘과 툴룸에 이르는 리비에라 마야 해안가 호텔에서 흔히 볼 수 있는 올 인클루시브 플랜은 추가 비용 없이 식사, 액티비티 등을 자유롭게 이용할 수 있는 호텔 숙박 상품이다. 어떻게 하면 올 인클루시브 리조트에서 좀 더 편안하고 느긋하게 휴가를 보낼 수 있을까? 하루를 알차게 보내면서 휴양도 놓치지 않는 올 인클루시브 리조트 활용법을 소개한다.

TIP 이것도 알아두자!

올 인클루시브란?

식사, 미니바, 룸서비스, 음료와 주류, 피트니스 센터, 어린이 놀이방, 쇼와 다양한 자체 프로그램, 팁 등 숙박 요금에 포함되어 있는 호텔 플랜. 단, 다이빙이나 스파, 고급 요리 등 일부는 추가 요금이 필요할 수 있다.

올 인클루시브 리조트 방문 전 알아두기

• 칫솔, 치약이 없는 올 인클루시브 리조트도 있으니 챙겨가자.
• 각 리조트 레스토랑마다 드레스 코드가 있고 간혹 격식을 차리는 자리에 입는 옷이 필요할 수 있으니 미리 확인하고 한두 벌 챙겨가는 것이 좋다.
• 올 인클루시브 리조트를 이용하더라도 룸서비스나 하우스키핑 등에 팁(1~2USD)을 따로 지불하는 것이 좋다.
• 객실 타입으로 더블이란 우리가 흔히 알고 있는 싱글 침대가 2개인 트윈 객실일 확률이 높다.

버케이션 머니(VM, Vacation Money)란?

칸쿤의 올 인클루시브 리조트 중에서는 버케이션 머니(리조트 크레딧Resort Credit, 리조트 머니 Resort Money라고도 불린다)를 도입한 곳이 있다. 버케이션 머니는 리조트에서 사용할 수 있는 현금 개념으로, 숙박하는 리조트와 본인의 숙박 일수에 따라 금액이 다르며 이것을 사용해 투어나 스파, 스페셜 디너, 촬영 등의 서비스를 구매할 수 있다. 단, 리조트 머니 사용에 대한 16%의 세금은 체크아웃할 때 별도로 현금이나 카드로 결제해야 한다. 예를 들어 버케이션 머니 1000USD를 사용한 경우 지불해야 되는 세금은 160USD)

우니코UNICO에서 보낸 휴가

· DAY 1 ·

08:00 아침 식사
콘티넨털부터 멕시칸 요리까지 다양한 종류의 음식과 디저트가 있는 푸짐한 아침 뷔페 식사.

10:00 액티비티
요가와 아쿠아로빅스 등 매일 리조트에서 여러 가지 프로그램이 준비되어 있다. 적극적으로 참가해보자!

11:00 풀장에서 놀기
풀 사이드의 선 베드에 누워 시원하고 달콤한 칵테일과 스낵을 맛보거나 수영을 하면서 여유로운 시간을 보내보자. 객실에 있는 밀짚모자를 챙겨가면 풀장 한쪽에서 예쁜 그림을 그려준다.

13:00 스파
스파 시설에서 극상의 마사지로 심신의 피로를 풀고 햇빛에 그을린 피부를 진정시키자. 스파 시설에는 스파 전용 풀도 함께 설치되어 있다.

14:00 비치로 나가자
오후에는 비치에서 유유자적. 투명하면서도 다양한 색을 지닌 카리브해의 바다에서 수영도 하고, 피크닉을 하거나 비치 베드에 누워 책이나 잡지를 읽는 것도 좋다.

16:00 객실에서의 휴식

이글거리는 태양에서 벗어나 잠시 쉬고 싶다면 객실로 들어와 휴식을 취하자. 폭신한 베드에서 잠을 청하거나 전용 풀에서 와인 한잔을 즐겨도 좋다.

19:00 저녁 식사

우니코 리조트는 5개의 레스토랑이 있고 24시간 룸서비스를 제공한다. 애플리케이션이나 컨시어지를 통해 미리 예약할 수 있다.

· DAY 2 ·

08:00 룸서비스 아침 식사

늦잠을 자도, 세수를 하지 않아도 좋은 룸서비스로 먹는 푸짐한 아침 식사. 호텔 애플리케이션으로 미리 신청하면 된다.

10:00 수영 & 비치

우니코 리조트에는 모두 3개의 수영장이 있고 수영장에 있는 카바나는 애플리케이션을 통해 사전 예약도 가능하다. 호텔 앞 비치에서는 패러세일링과 같은 해양 스포츠도 즐길 수 있다.

12:00 플라야 델 카르멘으로 외출

우니코 리조트에서는 저렴한 비용으로 플라야 델 카르멘까지 왕복 택시를 제공한다. 리조트에서 차로 20분이면 이동할 수 있으므로 플라야 델 카르멘으로 외출해보자.

21:00 바에서 칵테일 한잔

저녁 식사 후에는 라운지 겸 바에서 칵테일을 한잔 마셔보자. 바는 오전 11시부터 밤 12시까지 오픈되어 있으며 와인 저장소도 따로 있어 소믈리에에게 추천도 받을 수 있다.

우니코 20°N 87°W 호텔 리비에라 마야 Unico 20°N 87°W Hotel Riviera Maya

칸쿤 공항에서 차로 1시간, 리비에라 마야 지역에 있는 올 인클루시브 리조트. 중앙에 자리 잡은 실외 수영장 풀바에서 휴식을 즐기고 객실에서는 에메랄드빛 바다를 조망할 수 있다. 7개 이상의 레스토랑과 풀 사이드 바에서 일식, 양식, 남미 퓨전 요리 등 다양한 식사 메뉴를 맛볼 수 있으며 스파나 골프, 투어 프로그램도 제공한다.

🏠 Manzana 22 Carretera Federal 307 Km 260, 77710 Solidaridad, Quintana Roo
☎ +52 984 875 7700   @ www.unicohotelrivieramaya.com
$ 2인 기준 1층 알코바 풀 룸 481USD
🏖 실외 수영장(3개), 풀 바(2개), 바(1개), 레스토랑(4개), 카페(1개), 스파 & 웰니스, 피트니스 센터, 라운지, 뷰티 살롱 등

TIP 이것도 알아두자!

투어와 스파 이용하기

우니코 리조트에서는 올 인클루시브 서비스 일환으로 원래 금액의 25% 서비스 요금만 지불하면 골프, 스파와 뷰티 트리트먼트, 투어 프로그램, 스쿠버 다이빙과 같은 액티비티를 무제한으로 이용할 수 있다. 단, 사전에 미리 예약해야 한다.

추천

커플 마사지(50분) 117.5USD
치첸이트사 & 세노테 가이드 투어 38.75USD
코바 & 툴룸 투어 43.75USD

호텔 애플리케이션을 이용해보자!

우니코 리조트에서는 자체 애플리케이션을 만들어 숙박객의 편의를 도모하고 있다. 사용할 베개의 종류부터 음식과 칵테일을 장소 상관없이 주문해 받을 수 있고, 원하는 시간에 하우스 키핑을 예약하거나 호텔의 다양한 이벤트와 체험 프로그램 스케줄도 한눈에 확인할 수 있다.

꼭 경험해봐야 할 칸쿤 액티비티

GETTING STARTED CANCUN

대부분의 칸쿤 액티비티 투어는 호텔이나 호스텔, 코코봉고 앞, 메르카도 28, 대형 마트와 쇼핑몰 혹은 투어 업체 웹 사이트, 투어 장소에서 판매한다. 가격은 판매처마다 조금씩 다르고 경우에 따라 흥정도 할 수 있다. 많은 투어들이 인터넷으로 구입하거나 인터넷으로 10~30일 전 예약하면 할인 혜택을 제공하기 때문에 일정이 확정되는 대로 미리 예약하는 것이 좋다.

칸쿤 추천 액티비티

1 정글 투어

칸쿤과 호텔 존 사이에 있는 3000만 ㎡ 규모의 니춥테 라군에서부터 스피드 보트를 타고 바다로 나아가 스노클링을 즐기는 투어로 약 3시간 정도 진행된다. 바람과 물을 가르며 최고 시속 90km의 스피드 보트를 직접 운전하는 맛은 스릴 최고. 카리브해 바다에서 수십 종의 다양한 물고기들 뒤를 쫓으며 스노클링하는 재미도 일품이다.

추천 업체 | Aquaworld

📍 호텔 파라디수스Hotel Paradisus 맞은편

🏠 Blvd Kukulcan Km 15.3, Zona Hotelera, Cancun

☎ +52 998 689 1013

$ 성인 70USD~

@ aquaworld.com.mx/en/tours/jungle-tour/

⚠ 호텔 존 내에서 투어가 시작되므로 픽업 서비스는 없다. 여러 곳에서 정글 투어를 진행하니 버스나 택시를 탈 때 잘 확인하고 이동해야 한다. 스노클링할 때는 생분해성 자외선 차단제만 사용할 수 있고 스노클링 장비를 대여할 수 있는데, 분실 시 추가 비용을 받으므로 잃어버리지 않도록 조심하자.

🧳 수건, 수영복, 모자, 선글라스, 방수 신발이나 샌들, 기념품과 팁을 위한 현금, 갈아입을 옷, 선크림

2 고래상어와 스노클링 / 다이빙

해마다 5월에서 9월 말까지 칸쿤 북동쪽 바다에 고래상어들이 이동해 온다. 고래상어는 세계에서 가장 큰 물고기로 알려져 있으나 성격이 온순해 사람이 접근해도 공격하거나 경계하지 않아 비교적 안전하다. 보통 칸쿤이나 칸쿤 북서쪽에 있는 홀박스 섬에서 투어가 시작되며 7~8월에 방문하는 여행자는 운이 좋으면 수십 마리의 고래상어도 볼 수 있다.

추천 업체 | EcoColors

📍 다운타운에 위치. 호텔 존 숙박객은 다운타운 입구까지 버스로 이동 후 택시로 갈아타는 것이 가장 저렴하다(약 50페소).

🏠 Caucel street, Lt 2, SM 307, Cancun (투어 시작 포인트는 이 주소와 다를 수 있으니 예약 시 확인 요망)

☎ +52 998 884 9580/+52 998 884 3667

$ 성인 165USD~ (소요 시간 7시간 정도)

@ www.ecotravelmexico.com/tours/swim-with-whale-shark-tour-cancun

⚠ 1~2시간 정도 작은 배를 타고 먼바다로 나가게 되므로 멀미가 심한 사람은 약을 준비할 것. 일정 비용을 내면 호텔 픽업도 가능하다.

🧳 수건, 수영복, 모자, 선글라스, 방수 신발이나 샌들, 팁을 위한 현금, 갈아입을 옷, 선크림

3 졸리 로저 Jolly Roger

칸쿤 호텔 존에서 출발해 이슬라 무헤레스 섬을 오가며 펼쳐지는 선상 디너쇼로 해적선을 콘셉트로 하고 있어 웨이터를 포함한 모든 승무원이 해적 분장을 하고 승선하며 탑승자도 추가 비용을 내고 해적 분장을 해볼 수 있다. 다채로운 쇼들이 배 위에 있는 3시간 30분 동안 지속되고 음료도 무료로 무제한 제공된다. 단, 요리는 쇼를 보면서 먹는 게 아니라 순서대로 지하에 준비된 식당에서 먹고 다시 쇼를 보러 나와야 한다. 팁은 음료를 서빙해준 웨이터와 쇼 스태프들이 각각 따로 요구하니 미리 챙겨갈 것.

📍 호텔 칼립소Hotel Calypso 맞은편, 토레 에스세니카 전망대Torre Escenica Xcaret와 엠바르카데로El Embarcadero(페리 선착장) 바로 옆

🏠 Blvd. Kukulcan, Km 4.5, Zona Hotelera, Cancun

☎ +52 998 849 4543

$ 성인 기준 100~120USD(스테이크와 바닷가재가 반반씩 나오는 Surf & Turf 추천. 메뉴에 따라 가격이 조금씩 다르다). 성인 1인당 3~11세 어린이 1명 무료. 홈페이지에서 구입 시 10% 할인

@ www.pirateshowcancun.com

주의할 것! 투어를 할 때 바다나 세노테를 오염시킬 수 있으므로 일반 선크림을 쓰지 못하게 하는 경우가 많다. 돌고래나 고래상어와 수영하는 투어, 스노클링을 갈 때는 생분해성 자외선 차단제를 사용하자.

.... ● 〔 **칸쿤 추천 액티비티** 〕 ● ....

4 캡틴 후크 Captain Hook

카리브해의 해적을 모티브로 한 선상 디너 공연 및 파티로 총 3척의 18세기 스페인식 대형 범선을 운행한다. 쇼나 식사 모두 졸리 로저와 크게 다르지 않으나 전반적으로 가격이 더 저렴하다. 어린이 요금을 따로 받는다는 것과 2척 이상의 배가 같은 시간에 출항할 때 배들 간의 해적 싸움 쇼를 볼 수 있다는 것이 졸리 로저와의 차이점이다. 또 캡틴 후크만 승선 시 14달러의 추가비용을 받는다. 졸리 로저 바로 옆에서 승선하며 닭 요리가 가장 저렴하고 바닷가재가 들어가면 가격이 높아진다. 웹 사이트에서 30일 전에 미리 예약하면 20%까지 할인된다.

📍 호텔 칼립소Hotel Calypso 맞은편, 토레 에스세니카 전망대Torre Escenica Xcaret와 엠바르카데로El Embarcadero(페리 선착장) 바로 옆

🏠 Blvd Kukulcan, Km 4.5, Zona Hotelera, Cancun

☎ +52 998 849 4452/+52 998 849 4453

$ 성인 기준 70~95USD, 승선 시 추가비용 14USD

@ www.capitanhook.com

5 리오 세크레토 Rio Secreto

자연 그대로의 석회 동굴과 지하의 강을 탐험하는 투어. 정글 한가운데에서 진행되는 마야식 정화 의식을 거친 후 지하 계단을 통해 컴컴한 동굴로 내려가 전문 가이드와 함께 이동하며 종유석과 동굴에 대한 설명을 듣고 지하 강에서 수영도 할 수 있다. 구명조끼와 물속에서 체온 유지를 도와주는 웨트수트, 수건, 안전모, 헤드랜턴, 아쿠아슈즈와 투어 후 뷔페식 식사가 제공된다.

📍 플라야 델 카르멘에서 툴룸 쪽으로 5km 지점

🏠 Km 283.5, Puerto Juárez, Carretera Federal Libre Chetumal, Ejido Sur, Playa del Carmen

☎ +52 998 113 1906

$ **리오 세크레토** 약 3시간 30분 소요, 성인 79USD(왕복 픽업 별도 30USD), 개별 방문 시 09:00-13:00 매시간마다 투어 시작, 픽업 이용 시 09:00, 13:00에 투어 시작
 리오 세크레토 플러스 약 6시간 소요, 성인 99USD(왕복 픽업 별도 30USD), 라펠·자전거 투어 등이 포함되며 09:00, 11:00에 투어 시작

@ www.riosecretomexico.com.mx

⚠ 투어 중 카메라를 지참할 수 없으며 로커를 제공한다. 사진은 투어 후 구입할 수 있다.

6 센스 Xenses

2016년에 생긴 오감 체험 콘셉트의 테마파크. 착시 현상을 이용해 재미있는 사진이 나오도록 공원 곳곳이 꾸며져 있다. 아무것도 보이지 않는 새까만 암흑 동굴에서 맨손과 맨발로 더듬어 길을 찾는 코스와 물미끄럼틀-집라인-미온수 온천 수영-머드 수영장-사우나로 이어지는 코스의 2가지 색다른 코스도 함께 즐겨보자. 모두 둘러보는 데 약 4~5시간 소요되며 투어 신청 시 픽업 교통편을 함께 신청할 수 있고 파크 내부 식비는 입장료에 포함되지 않는다.

📍 리오 세크레토 맞은편, 스칼렛Xcaret과 익스플로르Xplor 바로 옆. 플라야 델 카르멘에서 5~10분 거리

🏠 Carretera Chetumal-Puerto Juárez, Km 282, Solidaridad, Quintana Roo

☎ +52 998 883 3143

🕐 08:30-19:00(투어 차량 이용 없이 개별 방문 시 14:00 이후부터 입장 제한)

$ 투어 예약 시기에 따라 60~70USD, 픽업 교통편 왕복 27USD 별도

@ www.xensespark.com

유카탄 반도에서 즐기는 해양 스포츠

준비물 | 수건, 수영복, 방수 신발이나 샌들, 기념품과 팁을 위한 현금, 갈아입을 옷, 생분해성 자외선 차단제

1 패들보드 Paddle Board

길고 좁은 서핑 보드 위에 서서 노를 저어 이동하므로 파도가 없어도 조종할 수 있다. 서핑 보드가 크므로 쉽게 균형을 잡을 수 있어 누구나 간단히 배울 수 있다. 패들보드 요가 수업, 패들보드 초보 강습, 패들보드 렌트, 패들보드 투어 등 다양한 옵션을 선택할 수 있다.

칸쿤 추천 업체 | Cancun Paddle Board

🏠 Hotel Imperial las Perlas Km 2.5, Zona Hotelera, 77500 Cancun
☎ +52 998 136 4813
$ 패들보드 렌트(60분) 20USD, 패들보드 클래스(90분) 35USD~, 패들보드 요가 클래스 40USD~
@ cancunpaddleboard.com

플라야 델 카르멘 추천 업체 | Aloha Paddle Club

🏠 Fusion Beach Bar Cuisine Calle 6 Norte, Centro, Playa del Carmen
☎ +52 1 984 164 1971
$ 패들보드 렌트(90분) 25USD~, 패들보드 요가 클래스(4시간)
　 바다는 55USD, 세노테는 125USD
@ www.alohapaddleclub.com

2 패러세일링 Parasailing

모터보트에 연결된 낙하산을 타고 보트가 달리는 속도를 이용해 떠올랐다가 낙하하는 스포츠. 새처럼 하늘에 떠올라 카리브해, 정글, 아름답게 펼쳐진 백사장을 한눈에 바라볼 수 있다. 2인이 탑승할 수 있어 로맨틱한 추억을 만들 수 있는 기회! 특별한 기술이나 근력이 요구되지 않아 부담 없이 이용할 수 있다.

칸쿤 추천 업체 | Aquaworld

🏠 Boulevard Kukulcan Km 15.3, Zona Hotelera, 77500 Cancun
☎ +52 998 689 1013
$ 1인 58USD
@ aquaworld.com.mx/en/tours/skyrider/

3 스쿠버 다이빙 Scuba Diving

호흡기, 산소통 등의 장비를 갖추고 물속에 잠수해 수중을 관찰하는 스포츠. 수영을 못해도 배울 수 있고 비교적 쉬운 편이다. 초보자 코스, 초급 자격증 코스Open Water Course부터 고급 자격증 코스까지 다양하게 즐길 수 있다.

칸쿤 | 칸쿤 근교는 스쿠버 다이빙만 하러 오는 사람들이 있을 정도로 스쿠버 다이빙으로 유명한데, 세계에서 2번째로 큰 산호초 지역이 이 근방에서 시작된다.

칸쿤 추천 업체 | Cancun Scuba Center
🏠 Boulevard Kukulcan Km 65, Hotel Zone, 77500 Cancun
@ cancunscubacenter.com/en
(메일 operations@cancunscubacenter.com)

이슬라 무헤레스 | 이슬라 무헤레스와 칸쿤 사이에 있는 바닷속 수중 박물관 MUSA에는 500개 이상의 조각품이 물속에 가라앉아 있다.

이슬라 무헤레스 추천 업체 | Carey Dive Center
🏠 Av. Matamoros #13-A Isla Mujeres
☎ +52 998 845 3220
@ www.careydivecenter.com (메일 info@careydivecenter.com)

툴룸 | 툴룸 근방에서 할 수 있는 수중 속 동굴 세노테에서의 다이빙 역시 더없이 독특한 경험을 선사한다. 초보자가 들어갈 수 있는 세노테는 제한되어 있으므로 초급 이상의 자격증이 있는 다이빙 경험자에게 강력 추천. 오픈 워터 자격증 획득은 4일 정도 소요된다.

툴룸 추천 업체 | Diving Cenotes Tulum
🏠 Calle Polar y Calle Acuario 77780 Tulum
☎ +52 1 984 140 6813
$ 팁 불포함, 세노테 다이빙 75USD~, 오픈 워터 자격증 4일 코스 400USD, 어드밴스드 자격증 3일 코스 400USD, 바다 다이빙 1탱크당 70USD~
@ divingcenotestulum.com

플라야 델 카르멘 추천 업체 | Phantom Divers
🏠 1 Avenida Norte No.238, Centro, Gonzalo Guerrero, 77710 Playa del Carmen
☎ +52 984 879 3988
@ www.phantomdivers.com (메일 info@phantomdivers.com)

4 카이트 서핑/카이트 보딩 Kite Boarding

보드를 착용하고 연이 바람에 저항하는 힘을 이용해 물 위를 활주하는 스포츠로 제대로 즐길 수
있을 때까지 평균 9~12시간 정도 연습이 필요한 고난이도 스포츠다. 칸쿤 인근에 다양한 강습 코스가
있다. 바람의 방향과 속도가 좋은 11월부터 5월까지가 카이트 서핑을 즐기기 좋은 시즌이다.

칸쿤 추천 업체 | Air Lift Kiteboarding
- 🏠 사무실 주소는 따로 없고 전화나 이메일로 연락해서 만나야 한다.
- ☎ +52 44 9982 21 4112
- $ 1인 기준 2시간 강습 160USD, 12시간 720USD
  2명이 함께 받을 경우 2번째 사람은 2시간 60USD, 12시간 250USD
- @ www.airliftkiteboarding.com (메일 airliftkiteboarding@live.com)

5 플라이보드 Flyboard

노즐에서 뿜어내는 물의 압력을 이용해 수면 위로 떠오르거나 물속 깊이 다이빙하는 스포츠로, 발에 착용한 스케이트보드 아래에서 물이 뿜어 나오는 형태와 등에 멘 가방에서 물이 뿜어 나오는 형태 2가지가 있다. 수압, 물의 분출 각도 조절과 무게 중심을 잘 잡는 것이 포인트. 수면 위 10여 m까지 상승할 수 있으며 능숙해지려면 많은 연습이 필요하다.

칸쿤 추천 업체 | Aquaworld
- 🏠 Boulevard Kukulcan Km 15.3, Zona Hotelera, 77500 Cancun
- ☎ +52 998 689 1013
- $ 1인 15분 70USD, 30분 120USD
- @ aquaworld.com.mx/en/tours/flyboard/

플라야 델 카르멘 추천 업체 | Fly Board
- 🏠 Street 28 with Zona Marítima, Playa del Carmen
- ☎ +52 984 113 00 58
- $ 10분 55USD, 30분 & 비디오 촬영 85USD
- @ www.flyboard.com.mx/en/ (메일 flyboardplaya@gmail.com)

6 스노클링 Snorkeling

스노클 장비를 착용하고 수면 근처에 떠서 바닷속을 탐험한다. 수영을 못하면 구명조끼를 착용할 것. 수경 등의 스노클 장비는 올 인클루시브 호텔에서 대부분 무상 대여해준다. 스칼렛Xcaret, 셀하Xel-Há 등의 에코 테마파크나 이슬라 무헤레스 투어 등에도 스노클링이 포함되어 있으므로 반드시 놓치지 말고 카리브해 생명체들과 함께 바닷속 세상을 즐겨보자!

7 스누바 Snuba

스쿠버 다이빙과 스노클링의 장점을 섞어놓은 해양 스포츠. 무거운 산소통 없이 물속에 들어간다는 것이 스쿠버 다이빙과의 차이점이다. 산소통은 수면에 띄워둔 채 호흡기와 산소 줄만 연결된 상태로 입수하므로 이동하기 쉽고 가볍다. 산소 줄이 있으므로 스노클링보다 깊은 곳까지 들어갈 수 있다. 에코 테마파크 스칼렛Xcaret, 셀하Xel-Há 등에서 투어 상품을 판매한다.

칸쿤 대표 에코 테마파크 전격 비교
스칼렛Xcaret VS 셀하Xel-Há

칸쿤이 있는 리비에라 마야 해안가의 인기 테마파크 스칼렛과 셀하는 각기 다른 매력과 시설로 수많은 관광객의 사랑을 받고 있다. 두 곳을 모두 방문한다면 더할 나위 없지만 시간이 넉넉하지 않은 여행자라면 어느 곳을 선택해야 할지 비교가 필요할 터. 금액과 할 수 있는 액티비티, 특징까지 꼼꼼히 비교해보고 나에게 꼭 맞는 테마파크를 찾아가보자.

스칼렛, 셀하를 모두 방문한다면?

두 곳의 테마파크를 모두 방문할 경우 가격이 상당히 저렴해지니 세트권으로 구매하자. 인터넷으로 구매하는 경우 스칼렛+셀하 입장료 176USD, 교통편이 포함되는 경우 224USD.

패키지 상품	인터넷 구매 시 입장료+교통편	인터넷 구매 시 입장료
Xcaret + Xel-Há	224USD	176USD
Xcaret + Xplor	248USD	200USD
Xel-Há + Xplor	216USD	168USD
Xcaret Plus + Xel-Há + Xplor	322.5USD	255USD

스칼렛 VS 셀하, 어떻게 다를까

- 입장료 등의 가격은 셀하가 스칼렛에 비해 저렴하다.
- 스노클링 등 물놀이에 집중한다면 셀하, 멕시코의 역사와 문화에 대해 관심 있다면 스칼렛 추천.
- 칸쿤에서 간다면 그나마 스칼렛이 가깝다(칸쿤~스칼렛 70분). 툴룸에서 출발한다면 셀하까지 20분 거리. 플라야 델 카르멘에서는 모두 가까운 편(스칼렛까지 15분, 셀하까지 35분).
- 셀하는 여행사에서 툴룸과 연계된 패키지 상품을 판매하며 스칼렛은 다른 관광지와 연계된 상품이 없다.

스칼렛 Xcaret

**다양한 액티비티와 볼거리를 통해서
멕시코의 문화, 역사, 자연환경을 체험할 수 있는
가족형 생태 문화 테마파크**

스칼렛 추천 POINT

- 멕시코 문화를 엿볼 수 있는 화려한 쇼와 유적지, 건물을 보고 싶다면
- 해양 액티비티와 함께 즐길 거리나 볼거리를 찾는다면

특징 | 동물원, 식물원, 수족관에 마야 전통 가옥과 멕시코 스타일의 화려한 공동묘지 모형, 마야 유적, 크고 작은 공연 등의 볼거리와 언더그라운드 강에서의 수영, 바다 수영, 초콜릿 만들기 워크샵 등 다양한 액티비티를 즐길 수 있다. 돌고래 수영이나 바닷속 트레킹 등의 해양 액티비티와 마야인의 정화 의식이었던 테마스칼(마야식 전통 사우나 의식)도 추가비용을 내면 체험해볼 수 있다.

이것만은 꼭! | 거대한 자연 공간에 새, 나비와 상호 작용할 수 있도록 만들어진 새 농원과 나비 농원은 빼놓지 말고 들러보자. 매일 저녁에는 300여 명의 배우들이 등장하는 유카탄 반도에서 가장 화려하고 완성도 높은 쇼가 열리는데, 마야 전통 공놀이 게임과 멕시코 다양한 지역의 의상과 전통 춤 등은 잊지 못할 경험이 될 것이다. 공연장 옆에는 스칼렛을 한눈에 볼 수 있는 80m 높이의 회전 전망대도 있다.

유의 사항 | 기본 입장료와 플러스 입장료가 차이가 있는데, 플러스 입장료는 점심 뷔페와 로커 비용 등이 포함된 것이다. 픽업 차량도 홈페이지에서 같이 신청할 수 있다. 인터넷으로 사전 예약하거나 이틀 연속 방문 시 할인해준다.

준비물 | 수영복, 현금(팁 지불용)이나 카드, 방수 카메라나 휴대폰 방수 팩, 아쿠아슈즈, 생분해성 자외선 차단제

📍 칸쿤에서 차로 70분, 플라야 델 카르멘에서 15분 소요. 센스Xenses, 익스플로르Xplor 바로 옆
🏠 Carretera Chetúmal-Puerto Juárez Kilómetro 282, Solidaridad, 77710 Playa del Carmen
☎ +52 998 883 3143   🕐 08:00~22:30
$ 입장료 100USD, 식사가 포함된 Xcaret Plus 130USD, 교통편 27USD
@ www.xcaret.com.mx

셀하 Xel-Há

스칼렛과 함께 리비에라 마야에서 여행자들이
많이 찾는 곳으로 스칼렛보다 규모가 작지만
편하게 휴식을 취하기 좋은 해양 자연공원

셀하 추천 POINT

- 천연 아쿠아리움 워터 파크에서 마음껏
  즐기는 스노클링
- 마음껏 먹고 마시면서 느긋하고 편안하
  게 휴식을 취하고 싶다면

특징 | 길게 이어진 물길을 따라 스노클링을 하는 것이 주된 액티비티로 추가 비용으로 바다 트레킹, 돌고래 체험, 자전거 집라인 등의 액티비티도 이용할 수 있다. 좌우로 나무가 울창한 열대 밀림 속 오솔길을 산책하거나 여기저기 걸려 있는 해먹에 누워 잠깐 쉬기도 좋다.

이것만은 꼭! | 여러 가지 형태의 1인용·2인용 튜브와 구명조끼, 수건, 스노클링 장비 일체와 로커를 무료로 대여해주기 때문에 스노클링을 즐기기에 좋다. 또한 입장료에 무제한 뷔페 입장권 및 음료 이용권이 포함되어 있어 파크에 있는 내내 마음껏 먹고 마실 수 있다.

유의 사항 | 팁은 불포함이니 팁 준비를 잊지 말 것. 파크 곳곳에 센서로 작동하는 카메라가 설치되어 있고, 최신 카메라를 들고 다니는 포토그래퍼를 만날 수 있는데 사진 가격은 한 번 지불하면 한 장을 찍든 수십 장을 찍든 같으니 사진을 구매할 때 염두에 두자.

📍 칸쿤에서 차로 1시간 30분, 플라야 델 카르멘에서 40분 거리, 툴룸에서는 20분 정도

🏠 Carretera Chetumal Puerto Juárez Km 240, Locales 1 & 2, Módulo B, 77780 Quintana Roo

☎ +52 998 883 0524   🕐 09:00-18:30

$ 무제한 뷔페식+입장료 90USD(인터넷 사전 예약 시 할인), 왕복 교통편 27USD

@ www.xelha.com

정글을 발아래 두고 하늘을 날 듯 활강하는 아찔한 집라인과 4륜 산악 바이크 ATV를 타고 정글 속을 구석구석 누비는
짜릿한 경험이 기다리는 칸쿤 근교의 익스트림 테마 공원으로 떠나보자.

한눈에 보는 익스플로르와 셀바티카

	익스플로르	셀바티카
집라인	O	O, 좀 더 스릴 있음
몬스터 집라인	X	O
ATV	비슷한 수준	
번지 스윙/스카이워크	X	O
세노테 수영	X	O
종유석 동굴에서 수영/카약	O	X
가이드 동행	X	O
코스	자유 코스(정해진 시간과 코스 없이 자유 투어)	선택가능(3~4가지 코스 중 선택)
교통편 포함 기준 가격	127~147USD	99~299USD
식사	뷔페식	간편식
다른 투어와 패키지 할인	가능	불가능
사진 촬영	가능	불가능, 구입만 가능

익스플로르 Xplor

에너지가 넘치고 활동적인 체험을 원하는 여행자에게 안성맞춤인 자연공원

특징 | 집라인, ATV, 수영과 카약이 주된 액티비티로 특히 집라인으로 정글을 가로지를 때 보이는 푸른색 광경과 수백만 년 전에 형성된 종유석 동굴 안의 신비로운 분위기가 인상적이다.

이것만은 꼭! | 주간과 야간으로 나누어 입장할 수 있는데, 주간은 입장료가 더 비싸지만 오래 돌아볼 수 있고 야간엔 암흑 속 집라인이 스릴 넘친다.

⚠ 추가 비용을 내면 픽업 차량을 이용할 수 있으며 같은 회사에서 운영하는 에코파크 셀하Xel-Há, 스칼렛Xcaret을 함께 세트로 구입하면 입장료가 할인된다.

👕 간편한 옷차림과 갈아입을 옷, 수영복, 아쿠아슈즈, 선크림, 수건, 선글라스, 카드와 소정의 현금 등

📍 칸쿤에서 차로 70분, 플라야 델 카르멘에서 차로 15분 거리. 스칼렛 바로 옆
🏠 Federal Highway Chetumal-Puerto Juarez Km 282, Playa del Carmen
☎ +52 998 883 3143
🕐 Xplor 09:00-17:00, Xplor Fuego(야간) 17:30-23:30
💲 Xplor 입장료 120USD(점심 뷔페 포함), 교통편 포함 147USD
Xplor Fuego(야간) 입장료 100USD, 교통편 포함 127USD(인터넷, 사전 구입 시 할인)
@ www.xplor.travel/en/

셀바티카 Selvatica

2009년 멕시코와 라틴 아메리카에서
가장 훌륭한 어드벤처 파크 상을 받은 칸쿤의
대표적인 어드벤처 파크

특징 | 주 액티비티는 집라인, 스카이워크, ATV, 세노테 수영 등으로, 포함 사항이 다른 4가지 코스가 준비되어 있어 원하는 액티비티만 골라 즐길 수 있다. 투어 내내 가이드와 관광객이 작은 팀을 이루어 함께 이동한다는 것도 다른 테마파크와의 차이점이다.

이것만은 꼭! | 리비에라 마야 지역에서 가장 스릴 있는 12개 집라인을 경험해보고 싶다면 바로 이곳을 찾아보자.

⚠ 카메라 지참이나 개별 촬영이 불가하며 사진은 투어 후 구입할 수 있다. 앞에서 언급한 스칼렛이나 셀하, 익스플로르와 같이 X로 시작하는 파크들과는 다른 회사에 속하기 때문에 패키지 구입은 할 수 없다.

🛎 수건, 수영복, 편한 복장, 팁과 기념품, 사진, 음료 등을 구매하기 위한 카드나 현금

📍 칸쿤과 플라야 델 카르멘의 중간 지점. 약 45~50분 소요

🏠 Ruta de Los Cenotes Km 18, Federal Highway Puerto Morelos-Leona Viacario, 77580 Puerto Morelos

☎ +52 998 881 3030   ⏰ 09:00~17:00

$ 99~299USD, 코스별로 다름(교통편과 간단한 식사 포함)
1 Gimme All 번지 스윙, 몬스터 집라인, 집라인, ATV, 세노테 수영, 스카이워크 포함, 약 8시간 소요, 성인 199USD, 어린이 99USD / **2 Offroad Polaris** ATV, 집라인, 세노테 수영, 스카이워크 포함, 약 6시간 소요, 성인 155USD, 어린이 85USD / **3 Extreme Canopy** 집라인, 세노테 수영 포함, 약 6시간 소요, 성인 99USD, 어린이 49USD / **4 Beyond** ATV, 집라인, 세노테 수영, 5코스 점심 식사, 개별 교통편 포함, 약 5시간 소요, 성인 299USD, 어린이 150USD

@ www.selvatica.com.mx

테마파크와 액티비티를 마음껏! 리조트 그 이상,

호텔 스칼렛 멕시코

좀 더 진화한 올 펀 인클루시브All-Fun Inclusive® 리조트가 리비에라 마야에 새롭게 등장했다. 호텔 스칼렛 멕시코는 숙박 요금에 식사와 주류 및 음료, 부대시설 이용은 물론 같은 계열사인 스칼렛Xcaret, 셀하Xel-Ha, 익스플로르Xplor, 센스Xenses 등 7개 테마파크의 무제한 입장과 셔틀버스, 치첸이트사나 툴룸, 세노테를 방문하는 투어 프로그램까지 포함되어 있어 휴양과 체험, 즐길 거리를 모두 아우르는 완벽한 여행을 완성시켜준다.

호텔 스칼렛 멕시코

Hotel Xcaret México

처음으로 올 인클루시브에 펀Fun을 접목해 올 펀 인클루시브All-Fun Inclusive®를 실현시킨 친환경 리조트로 볼거리와 재미가 가득하다. 5개 건물에 900개의 스위트가 있으며 인공 모래사장과 호수, 강, 정글 산책로까지 만들어놓아 호텔 부지 전체가 하나의 작은 도시를 옮겨놓은 듯한 느낌을 준다.

스칼렛Xcaret, 셀하Xel-Há, 익스플로르Xplor, 센스Xenses와 같은 7개 테마파크 입장과 4개의 액티비티 및 투어 프로그램이 포함되어 있으며 체크인 시 채워주는 손목 밴드가 입장권을 대신한다. 공항과 호텔 간 왕복 셔틀 서비스도 포함되어 있어 편리하게 이동할 수 있고 센스, 스칼렛, 익스플로르가 바로 옆에 위치해 있다.

미슐랭 레스토랑은 아니지만 멕시칸 셰프 최초로 미슐랭 스타를 받은 Carlos Gaytan 셰프가 운영하는 하HA' 레스토랑은 예약 필수이며 추가 요금을 내야 하니 참고하자.

🏠 Carretera Chetumal, Puerto Juarez Kilometro 282, Solidaridad Playa del Carmen

☎ +52 998 881 9836   @ www.hotelxcaret.com/en

$ 2인 기준 스위트 가든 758USD~(환불 불가 요금은 455USD~)

🍹 바(8개), 레스토랑(10개), 스파 & 웰니스, 피트니스 센터, 수영장 등

자연이 준 아름다운 천연 수영장, 세노테

유카탄 반도는 석회질 토양으로 이루어져 물이 지상에 고이지 않고 지하로 스며들어 지하수가 형성되었고 이 지하수 동굴 천장이 무너져 밖으로 드러난 것이 바로 세노테 Cenote다. 과거 마야인에게 세노테는 물을 공급받을 수 있는 주요 수원지이자 지하 세계로 통하는 신성하고 소중한 곳이었기 때문에 일부 세노테에는 희생 제물을 바치기도 했다. 오늘날 유카탄 반도의 세노테는 약 6000~8000개로 추산되는데, 아직 정글 안에 발견되지 않은 세노테가 많아 정확한 숫자를 파악하기 어려운 상황이다. 세노테는 천장이 어떻게 무너졌는가에 따라서 다양한 모습을 보이는데 크게는 완전히 무너진 형태, 반쯤 무너진 형태와 동굴형의 3가지로 나뉜다. 완전히 열리거나 반쯤 열려 있는 세노테에서는 스노클링, 이들과 연결되어 있는 동굴형 세노테에서는 스쿠버 다이빙을 즐길 수 있다.

세노테의 기원

세노테의 기원은 마지막 빙하기까지 수백만 년 이상 거슬러 올라간다. 당시 유카탄 반도는 바닷물로 뒤덮여 있었는데 빙하기 동안 해수면이 낮아지면서 거대한 산호초 지대가 지표면으로 드러나게 되었다.
죽은 산호초는 두꺼운 석회암 지반을 형성했는데 구멍이 많은 석회질 토양의 특성상 비가 와도 물이 고이지 않고 스며드는 바람에 지하에 흐르는 강과 지하 터널이 탄생했다. 이 물줄기는 세계에서 가장 긴 규모를 자랑하는데 그중에서도 가장 지하 수중 동굴 삭 악툰 Sac Actun은 347km에 이른다. 지하에 있어 아직 밝혀지지 않은 구간이나 일반인의 입장을 제한하는 구간이 대부분이다. 이를 수원 삼아서 1만 년 전부터 인간들이 정착하기 시작했다.

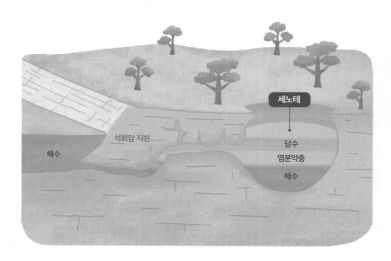

세노테

석회암 지반

해수

담수

염분약층

해수

세노테, 어떻게 갈까?

투어 프로그램 이용
칸쿤이나 플라야 델 카르멘에 숙박하면서 여행 일정이 길지 않은 여행자 추천!

세노테 투어 Xenotes Tour

물, 바람, 불, 흙이라는 이름이 붙은 4종류 다른 형태의 신비로운 세노테를 방문하면서 라펠, 다이빙, 집라인, 카누, 절벽 다이빙 등을 함께 즐길 수 있다. 알루셰Aluxes라고 불리는 세노테를 지키는 신들에게 허락을 구하는 의식 후 유카탄 정글만의 독특한 세노테를 방문하면서 이곳 자연의 아름다움을 마음껏 누려보자. 본 투어는 가이드와 10여 명의 여행객이 한 팀을 이루어 함께 이동하며 간단한 스낵과 식사, 교통편이 투어 비용에 포함된다. 스칼렛Xcaret의 다른 파크 상품들과 함께 패키지로 구매하거나 사전 인터넷 예약 시 할인이 된다.

📍 칸쿤에서 35km, 차로 약 40분, 루따 데 로스 세노테스Ruta de Los Cenotes에 위치

🕐 매일 출발, 전일 투어, 10~12시간 소요

💲 성인 120USD, 어린이 60USD

@ www.xenotes.com/en/

렌터카 이용
시간 여유가 있고 렌터카 운전에 익숙한 여행자 추천!

루따 데 로스 세노테스 Ruta de Los Cenotes

칸쿤에서 차로 약 40분, 플라야 델 카르멘에서 차로 약 35분 소요되는 루따 데 로스 세노테스Ruta de Los Cenotes는 약 37km 길이의 도로 곳곳에 다양한 세노테가 숨어 있는 세노테 루트다. 렌터카를 이용해 여러 세노테를 둘러보고 오기에 좋다. 단, 이 도로에서는 휴대 전화 신호가 약해 전화 및 인터넷 사용이 먹통이 되는 구간이 많으니 미리 지도며 필요한 정보를 다운받아가야 한다.

치첸이트사 투어 Chichen Itza Tour

마야 유적지인 치첸이트사를 방문하는 투어에는 세노테 익킬에서의 수영이 30~45분 정도 포함되어 있어 짧게라도 세노테를 구경할 수 있다. 투어 예약 시 세노테 익킬 포함 여부를 확인하자.

🕐 매일 출발, 전일 투어, 10~12시간 소요

💲 성인 80USD~, 어린이 40USD ~

셀바티카 Selvatica

어드벤처 파크 셀바티카의 경우 세노테 수영이 코스에 포함되어 있어 다른 액티비티와 함께 체험할 수 있다.

🕐 09:00-17:00, 코스에 따라 6~8시간 소요

💲 성인 99USD~, 어린이 49USD~

인기 세노테

세노테 익킬 Cenote Ik Kil

치첸이트사 투어에 포함되어 있어 관광객이 가장 많이 찾는 둥근 우물 모양의 세노테다. 뚫려 있는 천장에서 들어오는 눈부신 햇살과 오래된 덩굴과 뿌리의 모습이 어우러져 마치 태고의 지구를 만나는 듯한 기분이 든다. 수영이나 스노클링, 다이빙을 하거나 물에 들어가지 않더라도 나무 계단을 따라 밑으로 내려가 웅장한 세노테의 풍경을 충분히 감상할 수 있다. 깔끔한 탈의실과 화장실이 갖춰져 있는 점도 편리하다. 단독 투어는 없기 때문에 치첸이트사 투어를 통해 방문하는 것을 추천한다.

📍 Km 122, Valladolid-Merida, Tablaje Catastral 510, 97753 Xcalacoop, Yucatan

🕐 08:00-17:00

💲 입장료 성인 80페소, 어린이 40페소, 로커 대여 30페소

그란 세노테 Gran Cenote

그란 세노테는 347km 길이의 수중 동굴 시스템의 일부로, 동굴 탐험 스쿠버 다이빙을 하기에 최적의 장소 중 하나로 꼽힌다. 100m 앞까지 훤히 들여다보일 정도로 투명도를 자랑하기 때문에 헤엄치는 작은 물고기와 귀여운 거북이와 같이 물 아래 생태계를 엿보거나 종유석, 석순 을 볼 수 있어 동굴을 탐험하는 기분을 한껏 느껴볼 수 있다. 수심이 얕은 곳도 함께 있어서 수영을 잘 못해도 충분히 즐거운 곳이다. 워낙 유명한 곳이라 늘 관광객으로 붐비니 한적한 세노테를 즐기고 싶다면 아침 일찍 방문하자. 간의 탈의실과 샤워실도 완비되어 있다.

📍 툴룸에서 약 4km거리, 차로 약 7분 소요, 택시로 편도 30페소~   🏠 Quintana Roo 109, Tulum
🕐 08:00-16:00 $ 입장료 성인 180페소, 로커, 스노클링 장비, 구명조끼 유료 대여

스노클링 추천 세노테

세노테 아술 Cenote Azul
'파란 세노테'라는 뜻으로 현지인이 많이 찾는 세노테 중 하나다. 이름에 걸맞게 푸르고 아름다운 물색을 자랑한다. 울창한 숲속에 자리한 여러 개의 크고 작은 세노테를 한자리에서 경험해볼 수 있다. 툴룸과 플라야 델 카르멘에서부터 콜렉티보, 택시로 이동할 수 있다. 모기 퇴치제 사용과 흡연, 주류 반입 및 음용이 금지되어 있다.

📍 플라야 델 카르멘과 툴룸 사이에 위치, 툴룸에서 40km 40분 거리, 플라야 델 카르멘에서 25km 25분 소요.
🏠 Carretera Tulum-Cancun Km 1266, Riviera Maya
🕐 09:00-18:00 $ 성인 80페소, 어린이 40페소, 스노클링 장비와 구명조끼 대여 각 30페소, 주차장 무료

스쿠버 다이빙 추천 세노테

스쿠버 다이빙을 하기 좋은 까사 세노테, 엘핏, 도스 오호스는 전문 업체의 투어를 통해 방문하는 것이 안전하다.

TIP 이것도 알아두자! 세노테 스쿠버 다이빙

1 세노테에서 하는 스쿠버 다이빙에서는 바다 다이빙과는 전혀 다른 경험을 해볼 수 있으므로 스쿠버 다이빙 자격증이 있는 사람은 동굴 다이빙을 한번 시도해보자.

2 세노테 스쿠버 다이빙은 툴룸 근처에 있는 세노테들이 유명한데, 플라야 델 카르멘이나 툴룸의 다이빙 숍에서 예약할 수 있다. 며칠 정도 연달아 다이빙할 사람은 수중 동굴의 본고장 툴룸 시내에 숙소를 잡는 것이 이동하기 편하고 또 저렴하다. 다이빙 숍에서 왕복 차량을 제공하는 경우가 많다.

3 동굴 다이빙은 어둡고 머리 위에 장애물이 있어 오픈 워터 다이빙보다 훨씬 위험하다. 안전 사항을 꼭 숙지하고, 다이빙 강사가 동굴 강사 자격증이 있는지 반드시 확인하자.

추천 업체 | 쿡스 다이빙 Koox Diving

🏠 Av. Tulum Mz2Lt4, Centro, 77780 Tulum, Quintana Roo (툴룸 다운타운)

☎ +52 984 980 0544   ⏰ 07:30-21:00

@ www.kooxdiving.com/en/

$ 1세노테 1다이빙 159USD, 2세노테 2다이빙 189USD(교통편 및 입장료, 다이빙 장비와 액션캠 렌트 포함, 강사 팁 별도, 하루 2다이빙 이상 할 시 점심 식사 제공)

다이빙 초보자 추천

까사 세노테 Casa Cenote

마나티Manati라고도 불리는 수심 6m 미만의 세노테로 오픈 워터 자격증이 없는 여행객도 다이빙을 할 수 있기 때문에 초보자들이 방문하기 좋다. 탁 트여 있어 물 밑에서 바라보는 맹그로브 뿌리들과 하늘, 동굴이 어우러진 아름답고 환상적인 사진을 찍을 수 있다. 밑으로 내려가면 민물과 바닷물이 만나며 아지랑이처럼 흐려지는 할로클라인Halocline(염분약층)도 경험할 수 있다.

오픈 워터 자격증 소지자 추천

도스 오호스 Dos Ojos

'두 눈'이라는 뜻을 가진 세노테로 그란 세노테가 포함된 세계에서 가장 긴 수중 동굴 시스템의 일부이다. 동그란 눈 형태의 두 세노테가 지하로 연결되어 있다. 10m 정도의 얕은 수심에 동굴이 넓게 뻗어 있어 동굴 다이빙 초보자와 스노클링에 적합하다. 쪽빛 맑은 물과 수없이 많은 종유석과 석순이 신비롭고 미스터리한 분위기를 선사한다. 주요 다이빙 코스는 바비 라인Barbie Line과 박쥐 동굴 라인Bat Cave Line으로, 박쥐 동굴에서는 머리 위를 날아다니는 박쥐들을 만나볼 수 있다.

@ Koox Adventure

어드밴스드 자격증 소지자 추천

엘핏 El Pit

도스 오호스 근처 정글 한가운데 있는 깊이 119m의 세노테로 킨타나로오Quintana Roo 주에서도 가장 깊다. 다이빙 시 동굴 안으로 깊게 뻗어 들어오는 빛이 환상적이며 해가 뜨지 않으면 출구를 찾을 수 없어 다이빙이 금지된다. 입구가 깊어 공기탱크를 비롯한 장비를 로프로 걸어 수면에서 받는 시스템을 갖추고 있다. 입수 후 12~18m에서는 할로클라인Halocline(염분약층)을, 30m 부근에서는 황화 수소 가스층을 볼 수 있다. 물속 황화 수소층의 흰 안개가 마치 안개에 떠 있는 듯한 환상적인 기분을 느끼게 해준다.

마야 유적지로 떠나는 과거로의 시간 여행

칸쿤이 속해 있는 유카탄 반도는 1000년 이상 마야 문명이 번영했던 곳으로 곳곳에 고대 마야 유적이 산재해 있다. 길고 긴 시간이 흐르면서 본래 색이 바랜 회색빛 유적은 여행자의 호기심과 상상력을 자극하는 곳이다. 과거의 모습을 그리며 상상의 나래를 펴는 것만으로도 마야 유적지 여행은 충분히 흥미롭고 재미있다. 칸쿤에서 당일치기로도 쉽게 다녀올 수 있는 고대 마야 유적지에서 과거로의 신비한 시간 여행을 떠나보자.

TIP 이것도 알아두자! 마야 유적지 여행을 떠나기 전에

- 강한 햇볕에 그늘이 많지 않고 오랜 시간 걸어야 하므로 물, 모자, 선글라스, 선크림, 걷기 편한 신발, 스낵, 모기 퇴치제 등을 준비하자.
- 투어를 예약했다면 예약 바우처를 인쇄하여 지참하고 투어에 교통편이 포함되어 있는 경우 픽업 시간과 장소를 미리 확인한다.
- 투어에 워터 파크나 세노테, 비치 방문이 포함될 수 있기 때문에 수영복과 수건을 챙겨가는 것이 좋다.
- 개별 방문한다면 이른 아침에 가는 것이 덜 붐비고 더 선선하다.

치첸이트사 소개

2007년 이후 신세계 7대 불가사의 중 하나로 이름을 올린 치첸이트사는 해마다 수백만 명의 관광객이 찾아오는 마야 유적지로 마야인의 종교, 수학, 역법, 천문학, 과학 및 건축 기술의 정수를 한자리에서 만나볼 수 있다. 치첸이트사는 마야어로 '물의 마법사의 우물 입구' 혹은 '이트사족 우물의 입구'라는 뜻으로 유적지 피라미드를 중심으로 남쪽의 건물은 톨텍 침입 이전에 지어진 것으로 성당과 천체 관측소가 대표적인데, 조각 장식이 아름답고 화려하다. 반면 피라미드 근처의 건물은 톨텍의 영향으로 장식이 없고 호전적인 편이다. 북쪽에는 인신 공양을 했던 성스러운 세노테가 있다.

🏠 Merida, Chichen Itza 97751   ☎ 08:00-17:00

$ 유카탄 주 정부와 국립인류문화연구소에서 이중으로 입장료를 걷는데 각각 172페소와 70페소. / 페소 현금으로 준비할 것을 추천한다. / 비디오 카메라 사용 시 45페소 별도 지불, 주차비 약 55페소

치첸이트사 Chichen Itza

신세계 7대 불가사의 중 하나! 세계적으로 유명한 피라미드

치첸이트사의 역사

치첸이트사는 멕시코에서 탄생한 톨텍 문명과 마야 문명이 결합한 중요한 유적지로 325~550년 사이 마야인 이트사족에 의해 세워졌다. 이후 멕시코 중부 지역에서 온 톨텍인의 공격을 받으면서 이들 문화의 영향을 많이 받았고 점차 강대해져 11~12세기에 전성기를 맞이했다. 이때 재건축된 건축물은 톨텍인의 영향으로 웅장하고 호전적이며 공격적인 형태의 부조 장식이 주를 이룬다. 13세기에 이유도 모른 채 버려진 후 16세기 스페인 군대에 의해 유적이 발견되었다.

치첸이트사 주요 볼거리

1 쿠쿨칸 피라미드 신전(엘 카스티요) Kukulcán Pyramid(El Castillo)

유적 중심지에 있는 4변의 피라미드로 한 변이 55.5m, 높이가 24m다. 각 면마다 91개의 계단과 정상으로 이어진 계단을 더하면 총 365개로 1년의 일수를 나타낸다. 이 피라미드의 정면에서는 늘 사람들이 박수를 치고 있는데 이는 박수 소리가 서로 다른 높이의 계단에서 반사되어 케찰이라는 새의 소리로 돌아오기 때문이다. 북쪽 계단 아래쪽에 깃털 달린 뱀의 머리가 2개 조각되어 있는데 춘분과 추분 오후 3~5시경 태양이 만드는 그림자의 효과로 깃털 달린 뱀신이 지상으로 내려오는 듯한 형태를 만들어낸다. 유적지 보호 및 관광객 안전 문제로 피라미드에 올라가는 것은 금지하고 있다.

2 공 경기장(뽁따뽁) Ball Court(PokTaPok)

엘 카스티요 북서쪽에는 마야인의 공 경기장이 있다. 마야인은 무척 종교적이었는데 공 경기도·사실 스포츠인 동시에 종교 의식이었다. 치첸이트사의 공 경기장은 알려진 마야 공 경기장 중 가장 규모가 큰데 길이는 100m, 폭은 32m에 이른다. 양쪽 벽 위에는 8m 지점에 하나씩 골대로 쓰였던 지름 30cm의 둥근 돌 고리가 달려 있다. 고무나무 수액으로 만든 공은 무거운 것의 경우 무게가 4kg에 이르는 데다가 양 팀 선수들이 발이나 손 대신 골반, 무릎, 어깨 등을 사용해서 공을 이 고리에 집어넣었다고 하니 이 경기가 얼마나 어려운 게임이었는지 조금이나마 가늠할 수 있다. 이긴 팀의 가장 우수한 선수의 목숨을 신에게 바쳤다는 유력한 가설이 전해지는데, 공 경기장 벽면에서 관련된 부조를 찾아볼 수 있다.

3 전사의 신전 Temple of the Warriors

1000개의 기둥에 둘러싸여 있는 신전으로 상단 중앙에는 착몰 동상이 있다. 착몰은 바로 누워 상체와 무릎을 세우고 있는 사람의 형태로, 손으로 받치고 있는 배 부분에 인간의 심장을 제물로 바쳤다고 한다. 1000개의 기둥으로 이름 붙여지긴 했지만 실제로는 200여 개 기둥이며 본래 이 기둥 위에 있는 건축물이 전사의 신전과 연결되어 있었는데 지금은 그 형태를 추측만 해볼 뿐이다.

4 성스러운 세노테 Sacred Cenote

엘 카스티요 북쪽으로 기념품 노점상이 늘어선 하얀 길이 있는데, 이 길의 끝에 직경 60m의 깊은 우물, 세노테가 있다. 성스러운 세노테로 불리는 이 우물은 마야인이 지하의 신들에게 인신 공양을 하던 무시무시한 곳. 20세기 초 미국 영사 톰슨이 이곳 일대를 매입해 세노테 바닥을 훑으며 조사했는데, 이때 많은 유물과 성인, 어린아이 유골들이 발견되었다고 한다.

5 천체 관측소(엘 카라콜) El Caracol

직사각형 하단부에 돔 모양의 지붕을 얹은 천문대로 스페인어로 '달팽이'라는 뜻인데 이는 건물 내부의 나선형 계단 형태에서 따온 것이다. 마야인은 태양, 별, 행성에 관심이 많았는데 이곳에서 사방에 난 창문으로 하늘을 관찰함으로써 절기와 계절, 행성의 주기를 파악했다.

치첸이트사

성스러운 세노테

공 경기장 (뽁따뽁)

쿠쿨칸
피라미드 신전
(엘 카스티요)

전사의 신전

P

티켓 판매처(입구)

마켓

천체 관측소(엘 카라콜)

치첸이트사 찾아가는 방법

1 | 투어 이용

칸쿤과 플라야 델 카르멘에서 치첸이트사까지 다양한 투어 상품이 출발하며 이동하기 편하기 때문에 시간이 부족한 여행객이라면 투어 상품을 이용할 것을 추천한다.

$ 가격은 버스나 점심 식사 종류, 쇼핑센터를 들르는지 여부에 따라 70~120USD로 다양하다. 투어 상품은 호텔이나 여행사에서 구입할 수 있다.

✔ 치첸이트사 입장료, 세노테 익킬과 식민지풍 도시 바야돌리드 방문, 점심 식사, 영어/스페인어 가이드, 호텔 픽업 서비스가 제공된다.

⚠ 투어 상품을 예약할 때는 입장료 등이 포함되어 있는지 꼼꼼히 확인할 것. 단체 투어이다보니 시간과 경로가 유동적이지 않고, 유적지에 머무는 시간은 2시간 남짓이므로 구석구석 돌아보기가 쉽지 않다.

2 | 버스 이용

ADO 정류장에서 하루에 딱 한 대 출발한다. 인터넷에서 구입할 수 있고 인터넷 구입 시 비용이 랜덤하게 할인되는 경우가 있다.
칸쿤 다운타운 | 칸쿤에서 08:45 출발, 2시간 15분 소요, 편도 330페소 / 치첸이트사에서 16:30 출발, 4시간 20분 소요, 편도 330페소
플라야 델 카르멘 | 플라야 델 카르멘에서 08:00 출발, 2시간 40분 소요, 편도 362페소 / 치첸이트사에서 16:30 출발, 4시간 40분 소요, 편도 362페소

3 | 렌터카 이용

칸쿤 | 유료 도로로 가는 경우 약 2시간~2시간 30분. 국도로 가는 경우 3~4시간. 고속도로 통행료 380페소
플라야 델 카르멘 | 소요 시간은 약 1시간 50분~2시간. 고속도로 통행료 329페소

툴룸 유적

Tulum Archeological Site

파란 카리브해를 내려다보고 있는
절벽 위에 자리한 유적지

툴룸 유적 소개

툴룸에 남아 있는 마야 유적지는 아름다운 카리브해의 전망이 펼쳐지는 곳에 있어 멕시코에 있는 유적지 중에서도 3번째로 방문객이 많다. 툴룸은 마야어로 '담', '성벽' 등을 의미하는데 3면의 성벽과 절벽 아래 바다로 둘러싸여 요새와도 같은 형태를 갖추고 있는 것을 보면 왜 이러한 이름이 붙었는지 쉽게 알 수 있다. 툴룸 유적지의 3면을 둘러싼 벽의 높이는 3~5m 정도, 벽의 두께는 8m 정도로 튼튼하게 지어졌다. 벽에는 총 5개의 입구가 있고, 바다가 바라보이는 양쪽 끝에 감시 초소를 두어 다른 부족과 해적의 침입을 막았다. 관광지 입구의 주차장부터 유적지까지는 차량으로 이동할 수 없다. 20분 정도 걸어 들어가야 하는데, 걷고 싶지 않다면 유료 관광 열차를 이용해도 된다. 유적을 둘러보는 데 약 2~3시간 소요된다.

🏠 Carretera Federal 307 Cancun-Chetumal Km 230, Tulum
🕐 08:00-17:00, 빛과 소리의 쇼 18:00-22:00
💲 입장료 70페소(페소 현금으로 준비할 것), 유료 관광 열차 왕복 20페소, 주차비 120페소, 유적지에서 가이드 개별 투어 고용 시 600페소

툴룸 주요 볼거리

1 중앙 신전(엘 카스티요) El Castillo

약 7.5m 높이의 툴룸 유적지에서 가장 크고 상징적인 건물이다. 12m의 석회암 절벽 끝, 바다와 가깝게 위치한 엘 카스티요는 과거에는 항구의 등대 역할도 담당했으며 여러 시대에 걸쳐 단계적으로 개축 및 보수되었다. 중앙 신전 뒤쪽의 외부 계단을 따라 내려가면 청록색 바다와 하얀색 모래 해변이 펼쳐지는 아름다운 비치와 바로 연결된다. 절벽 위에 솟은 신전과 그 아래 넘실대는 파란 바다는 한 폭의 그림 같은 전경이다.

2 바람의 신전 Temple of The Wind

바람의 신전은 툴룸 마야 유적 중 해안 절벽을 따라 높은 지점에 있는 작은 건축물로, 신전 앞으로는 파란색 카리브해가 펼쳐져 있으며 다른 한쪽에는 평야를 덮고 있는 마야 유적지가 자리하고 있다. 여행자들은 건축물 앞까지 올라갈 수 있지만 내부로 들어가거나 위로 올라갈 수는 없다. 바닷가를 따라 바람의 신전으로 가는 산책로는 꼭 한번 거닐어보자. 언덕 끝에 서 있는 유적과 바다가 만나 환상적인 사진을 얻을 수 있다.

툴룸 유적의 역사

툴룸은 마야 역사에서 가장 마지막에 건설된 도시 중 하나로 대부분의 건축물은 해상 교역과 활발한 경제 활동으로 전성기를 맞았던 13~15세기에 지어졌다. 툴룸은 당시 번성했던 인근 도시 코바의 항구 역할을 했다고 하는데, 육로와 수로 양쪽으로 해상 무역 루트와 연결된 교역 허브 역할을 톡톡히 해냈다. 치첸이트사를 다녀온 여행객이라면 쉽게 툴룸의 건축물이 치첸이트사보다 늦게 지어졌음에도 예술성과 정교성이 떨어진다는 걸 눈치챌 수 있는데, 이미 후고전기 마야 문화가 쇠락하고 있었기 때문으로 추측된다. 당시 이곳에 거주하던 마야 인구는 약 1000~1600명이었을 것으로 추정되며, 스페인이 멕시코 정복을 시작하고도 70년 이상 거주자가 있었다. 안타깝게도 16세기 후반 이후 스페인인이 퍼뜨린 전염병과 스페인군의 포로 차출 등을 이유로 버려졌다.

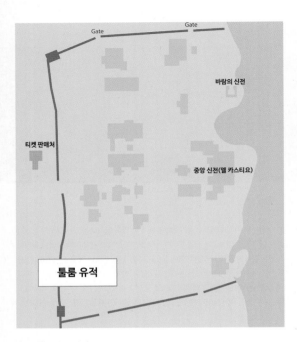

Gate   Gate

바람의 신전

티켓 판매처

중앙 신전(엘 카스티요)

툴룸 유적

TIP 툴룸 유적지의 소소한 즐거움

해치지 않아요, 이구아나
툴룸 유적지는 이구아나가 정복했다고 해도 과언이 아니다. 유적지 입구
에서부터 이구아나들이 관광객을 반기는데, 생긴 건 곱지 않아도 해치지
않으니 너무 겁먹지 말자. 햇볕을 받으러 나와 꼼짝 않고 있는 이구아나
사진 한 장도 좋은 기념품.

툴룸의 오아시스, 비치
유적지를 찬찬히 둘러보다가 더우면 바닷가로 내려가는 계단이 있으니
에메랄드빛 푸른 물에 뛰어들어 잠시 열기를 식히자. 모래사장이 좁고
파도는 센 편이지만 햇빛 가득한 툴룸에서 정말 반가운 오아시스.

툴룸 찾아가는 방법

1 | 투어 이용
바쁜 여행객에게는 근처에 있는 천연 워터 파크 셀하Xel-Há와 툴룸 유적을 묶어 하
루 만에 두 곳을 함께 방문하는 투어 상품이 인기가 있다.

$ 성인 140USD, 어린이 70USD

교통편과 셀하의 입장료, 아침 및 점심 식사, 툴룸 유적에서의 2시간 가이드 투
어 등 포함

셀하는 4세 미만 어린이는 무료로 입장할 수 있으며 5~11세 어린이는 성인 요
금의 50%를 지불해야 한다. 또한 티켓 부스에서 신분증을 제시해야 하므로
여권을 챙겨가도록 하자.

2 | ADO 버스 이용
칸쿤 다운타운 | 칸쿤에서 2시간~2시간 40분 소요, 편도 184페소
플라야 델 카르멘 | 플라야 델 카르멘 출발 09:51, 10:51, 11:51 / 툴룸 출발 12:10,
13:10, 15:25, 16:20, 16:51, 17:25, 17:40, 17:55, 1시간~1시간 30분 소요, 편도
88페소

3 | 렌터카 이용
칸쿤 다운타운 | 칸쿤에서 약 130km 떨어져 있으며 차로 약 2시간 소요, 전 구간 무료 도로
플라야 델 카르멘 | 플라야 델 카르멘에서 60km 떨어져 있으며 차로 약 1시간 소요, 전 구간 무료 도로

플라야 델 카르멘에서 툴룸 유적을 찾아갈 때는 콜렉티보를 이용하는 것이 제일 저렴하다(편도 45페소). 툴룸 유적 이름과 유적지가 있는 마을 이름이 같으므로 ADO 버
스와 렌터카를 이용할 때 헷갈리지 않도록 유의하자.

코바 Coba

계단을 올라 꼭대기에 갈 수 있는 정글 속의 피라미드

코바 소개

울창한 정글 속에 우뚝 솟은 피라미드가 인상적인 코바는 치첸이트사, 툴룸 못지않게 아름답고 중요한 마야 유적이다. 단일 사이트가 아니라 중앙 피라미드를 중심으로 여러 곳의 유적지 그룹이 모여 있다는 것이 다른 마야 유적지와의 차이점이다. 이 유적지 그룹은 '삭베'라는 포장도로로 연결되어 있는데 코바는 고대 마야 도시 중에서도 가장 많은 삭베가 발견되었다. 다른 마야 유적지에 비해 덜 붐빈다는 장점이 있지만 유적지 입구에서 노호치 물 피라미드까지는 2km 정도 떨어져 있을 정도로 규모가 광대하다. 유적끼리의 거리가 멀기 때문에 유적지 입구에서 자전거를 빌리거나 인력거 택시 Bicitaxi를 이용하는 것을 추천한다.

🏠 Carretera Federal Tulum 307, 77793 Coba   🕐 08:00~17:00

💲 70페소(페소 현금으로 준비할 것), 자전거 렌탈 60페소, 인력거 택시 2인 기준 편도 100페소~(팁 별도)

코바 유적지에서 유용한 TIP

- 유적지 입구에서 영어 또는 스페인어 가이드를 고용할 수 있다.
- 티켓 창구에서 제공하는 지도를 챙겨두자. 각 유적지의 위치와 거리를 파악하는 데 도움이 많이 된다.

코바 주요 볼거리

1 노호치 물 Nohoch Mul

코바 유적지의 가장 큰 매력은 바로 피라미드에 직접 올라가볼 수 있다는 것. 42m로 유카탄 반도에서 2번째로 높은 피라미드인 노호치 물 Nohoch Mul에 올라가면 울창한 정글과 그 사이 솟은 유적들이 한눈에 펼쳐진다. 밧줄을 잡고 120여 개의 가파른 계단을 오르는 것은 손에 땀을 쥐게 할 만큼 긴장의 연속이지만 정상에서 아름다운 경치를 보고 있노라면 힘들었던 기억이 싹 잊힌다.

2 삭베 Sacbe

마야인은 다른 지역이나 도시, 건물 사이를 연결하는 너비 4~20m 정도의 하얀색 포장도로로 길인 삭베를 정글 속에 쌓아 올렸다. 긴 길은 주로 상품 교역이 목적이었고, 바퀴를 이용하지 않았기 때문에 사람이 직접 들어 옮겼던 것으로 보인다.

더위를 피해 주로 밤에 달렸다고 하는데, 길을 높게 올려 동물들로부터 안전했고 라임 스톤으로 마무리한 하얀 길이 달빛을 반사해 밤길을 밝혀주었다. 코바에서 이러한 삭베가 50개 이상 발견되었으며 현재 여행객에게 공개된 삭베는 16개다.

코바 찾아가는 방법

1 | 투어 이용

툴룸과 코바, 세노테가 하나로 된 투어 상품이나 코바와 워터 파크 셀하Xel-Há를 함께 돌아보는 투어가 칸쿤 또는 플라야 델 카르멘에서 출발한다.

코바 툴룸 투어 | 플라야 델 카르멘에서 출발하는 투어는 성인 90USD, 어린이 74USD이며 왕복 교통편과 점심 식사, 유적지 입장료, 세노테 방문 등이 포함되어 있다.

코바 셀하 투어 | 칸쿤 또는 플라야 델 카르멘에서 출발하는 투어는 성인 130USD, 어린이 65USD이며 왕복 교통편과 셀하 입장료, 런치 뷔페, 코바 입장료 등이 포함되어 있다.

2 | 버스 이용

툴룸 | 툴룸 시내에서 10:00, 11:00 출발, 돌아오는 버스 15:10 출발. 약 1시간 소요, 80~100페소

3 | 렌터카 이용

칸쿤에서 약 2시간 15분, 플라야 델 카르멘에서 약 1시간 20분, 툴룸에서 약 40분 거리에 있다.

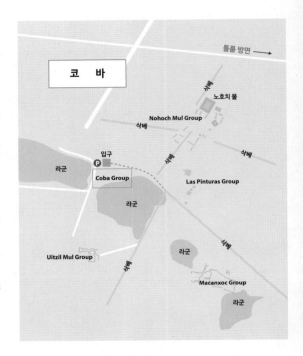

마야 역사 한 토막

마야의 역사는 크게 전고전기와 고전기, 후고전기의 3시기로 구분되는데, 학자들마다 이 시기를 구분하는 기준이 약간씩 다르다. 마야의 간략한 역사를 살펴보면, 마야는 대도시 연맹 체제였지 제국이 아니었다는 것을 알 수 있다. 따라서 우리가 흔히 쓰는 마야 제국이라는 말은 잘못된 표현이다. 마야인은 역사를 상세하게 기록하고 미래 예측 역시 모두 기록했는데, 스페인이 침략하면서 마야인이 남긴 문서와 책을 대부분 태워버려 현재는 마야인에 대한 기록이 많이 남아 있지 않다. 약 2000만 명의 마야 직계 후손 중 아직 수백만 명이 마야 언어를 사용하며 그 혈통과 문화를 이어 내려오고 있다.

기원전 2000년~기원후 250년	250~900년	900~1500년
Pre Classic 전고전기	Classic 고전기	Post Classic 후고전기

기원전 1000년부터 도시 형태가 발달하기 시작했고, 이후 문자를 사용하고 큰 규모의 건축물이 축조되었다. 기원전 600년경에는 대도시가 등장했고 그 유명한 마야 달력이 나타난 것도 이즈음이다. 기원전 300년경 군주국 형태로 발전해 왕이 등장했고, 기원전 100년 첫 번째 피라미드가 세워졌다.

마야 역사에서 황금기로 불리는 시기. 예술과 문화적 측면에서 큰 발전을 이루면서 정교한 계급 사회의 모습을 완성했다. 과테말라 북쪽 지역과 멕시코 남서쪽을 중심으로 대도시가 융성했는데, 과테말라 북쪽의 티칼, 멕시코의 팔렌케가 대표적이다. 서기 900년경 갑자기 이 남부 도시들이 알 수 없는 이유로 버려졌는데 정치적인 이유, 기근, 가뭄 등을 원인으로 추측해볼 뿐이다.

남부 도시들이 멸망하면서 유카탄으로 많은 인구가 유입됐고 치첸이트사를 비롯한 유카탄의 도시들이 발전하며 후고전기를 이끌었다. 마야판을 중심으로 치첸이트사, 욱스말이 삼대 동맹을 이루며 12세기까지 평화롭게 지냈는데, 마야판이 독점 주도권을 잡으면서 200년 이상 주변 지역을 통제하게 된다. 마야판도 15세기 중반 전쟁으로 멸망하고, 다른 부족 간의 전쟁이 지속되다가 1517년 스페인 군대가 쳐들어오면서 후고전기가 막을 내린다.

완벽한 휴식,
카리브해의 아름다운 섬 3곳

GETTING STARTED.
CANCUN

이슬라 무헤레스 Isla Mujeres

칸쿤에서 페리로 30분

이슬라 코수멜 Isla Cozumel

플라야 델 카르멘에서 페리로 40분

이슬라 홀박스 Isla Holbox

칸쿤에서 차로 약 2시간 이동 후, 치킬라에서 배로 20분

이슬라 무헤레스 Isla Mujeres

**칸쿤의 번잡스러움에서 잠시 벗어나
누리는 쉼의 시간**

칸쿤 북동쪽, 페리로 30분 거리에 있어 당일치기 여행지로도 사랑받는 이슬라 무헤레스는 멕시코 색이 짙은 소박한 분위기의 길이 7km, 폭 0.65km의 작은 섬이다. '여인의 섬'이라는 뜻을 가진 지금의 이름은 16세기경 스페인 정복자들이 섬에 도착했을 당시 달, 사랑, 다산의 여신인 잇셀Ixchel 형상이 많이 발견되어 붙여졌다는 이야기가 있다. 칸쿤의 번잡스러움에서 잠시 벗어나 해변의 비치 베드에 누워 쉬고, 얇고 낮은 파도 속에서 스노클링, 다이빙을 즐기거나 골프 카트를 타고 푼타 수르 전망대까지 달리면서 멋진 해안을 감상해보자.

찾아가기

페리(칸쿤~무헤레스) | 칸쿤에서 무헤레스 섬까지 페리로 30분 정도 소요되며 칸쿤의 호텔 존과 칸쿤 다운타운 북쪽의 푸에르토 후아레스Puerto Juarez에서 페리를 탈 수 있다. 다양한 페리 회사가 있는데 그중 울트라마르Ultramar가 가장 커서 호텔 존에 엠바르카데로Embarcadero, 플라야 토르투가스Playa Tortugas, 플라야 카라콜Playa Caracol 3곳, 푸에르토 후아레스에 1곳의 총 4곳의 페리 터미널에서 운항되고 있다. 호텔 존 출발 편이 푸에르토 후아레스 출발 편에 비해 요금이 좀 더 비싸고 소요 시간도 더 걸리며 페리 운항 수도 더 적은 편이다.

이슬라 무헤레스-칸쿤 왕복 페리

푸에르토 후아레스 Puerto Juarez	푸에르토 후아레스 출발 05:00-23:30, 이슬라 무헤레스 출발 05:30-24:00, 30분에 1대꼴로 운항 / 성인 편도 160페소, 왕복 300페소
엠바르카데로 Embarcadero	엠바르카데로 출발 09:15-20:45, 이슬라 무헤레스 출발 09:45-21:15, 1시간 15분에 1대꼴로 운항 / 성인 편도 14USD, 왕복 19USD
플라야 토르투가스 Playa Tortugas	플라야 토르투가스 출발 09:00-20:30, 이슬라 무헤레스 출발 09:30-21:15, 1시간 15분에 1대꼴로 운항 / 성인 편도 14USD, 왕복 19USD
플라야 카라콜 Playa Caracol	플라야 카라콜 출발 09:00-16:45, 이슬라 무헤레스 출발 09:45-17:15, 1시간 15분 또는 2시간 45분에 1대꼴로 운항 / 성인 편도 14USD, 왕복 19USD

추천 업체 | Ultramar

🕐 푸에르토 후아레스 출발 05:00-23:30, 30분에 1대꼴로 운항. 이슬라 무헤레스 출발 05:30-24:00, 30분에 1대꼴로 운항

@ www.ultramarferry.com

섬 돌아보기

골프 카트 | 이슬라 무헤레스 페리 터미널 맞은편에는 골프 카트를 렌털할 수 있는 숍이 모여 있다. 금액은 숍마다 조금씩 다르지만 종일 대여 기준(09:00-17:00)으로 850~1000페소 정도면 4인승 골프 카트를 빌릴 수 있으며 시간당 대여도 가능하다. 섬은 골프 카트로 1시간이면 한 바퀴 이상 돌 수 있을 정도로 작지만 여유 있게 돌아보면 2~3시간쯤 소요된다. 운전을 하기 위해서는 국제운전면허증이 필요하니 준비하도록 하자.

추천 업체 | **Golf Carts Indios**

🏠 Av. Rueda Medina. Smza 1 Mza 2 Lote 19 entre Av. Lopez Mateos y Av. Matamoros Centro , Quintana Roo

☎ +52 998 274 0392

$ 성수기 1시간 250페소, 09:00-17:00 1000페소, 24시간 1200페소 / 비수기 1시간 250페소, 09:00-17:00 850페소, 24시간 1000페소

@ www.indios-golfcarts.com

섬의 주요 명소

1 가라폰 해양 공원 Garrafon Natural Reef Park

섬 남동쪽에 있는 해양 자연 생태 공원으로 섬에서 가장 높은 지점에 있다. 공원 내 레스토랑과 민물 풀도 갖춰져 있고 스노클링, 카약, 집라인 등 다양한 액티비티를 즐기거나 해먹과 비치 베드에서 휴식을 취할 수 있다. 칸쿤에 있는 마리나 아쿠아투어 Marina Aquatours에서부터 왕복 페리를 운항한다.

🕐 10:00-17:00, 토요일 휴무

$ 패키지 상품 89USD(칸쿤 출발 왕복 페리, 아침 식사, 일부 주류 무제한, 뷔페 점심 식사, 스노클 장비, 구명조끼, 카약, 수영장, 해먹, 집라인, 마야식 사우나 테마스칼, 섬 남쪽에 있는 마야 유적지 입장료 포함) / 체크인 시 항구 사용료 10USD 별도 지불, 왕복 페리를 이용하지 않는 경우에도 동일한 가격인 USD89 / **VIP 입장권**(VIP 라운지 사용권 추가 제공)은 USD109, 체크인 시 항구 사용료 10USD 별도 지불

@ www.garrafon.com

2 푼타 수르 전망대 Punta Sur

가라폰 해양 공원 내에 있는 전망대로 섬의 남쪽 끝, 멕시코에서도 가장 동쪽 지점에 있어 멕시코에서는 1월 1일 새해 첫 해돋이 장소로도 유명하다. 절벽을 따라 산책로가 정비되어 있고 파노라마 오션 뷰를 감상할 수 있는 카페, 달의 여신 잇첼Ixchel을 모시는 마야 신전도 있다. 입장료는 30페소.

3 돌핀 디스커버리 Dolphin Discovery

무헤레스 섬 남쪽에 있는 돌핀 디스커버리는 물속에서 돌고래와 수영하면서 악수를 하거나 포옹, 키스를 하는 등 재미있는 체험을 할 수 있는 곳이다. 액티비티는 약 55분간 진행되며 물에 들어가기 전에 조련사가 직접 돌고래와 교감하는 방법을 알려 준다.

🕐 09:00-17:00　$ 패키지 상품에 따라 109~254USD

@ www.dolphindiscovery.com/cancun-islamujeres/

이슬라 코수멜 Isla Cozumel

다이빙의 천국! 카리브해의 플레이그라운드

멕시코 유카탄 반도의 동쪽 해안 카리브해, 플라야 델 카르멘의 건너편에 있는 코수멜은 '제비들의 섬'이라는 뜻의 이름을 가진 길이 48km, 너비 16km의 멕시코에서 가장 큰 섬이다. 크루즈 선박이 기항하는 곳으로 배낭 여행자보다는 크루즈 여행객이 더 많이 찾으며 이슬라 무헤레스보다 아기자기함은 덜한 편이다. 섬 일대 바다는 세계에서 2번째로 큰 산호 군락인 그레이트 마야 산호초The Great Maya Reef가 시작되는 곳으로 이슬라 무헤레스보다 산호초가 훨씬 많지만 바다 깊은 곳에 있는 데다가 물속 시야가 맑고 돌고래, 고래상어 등 희귀 해양 생물과 마주칠 수 있는 천혜의 환경 덕분에 전 세계의 스쿠버 다이빙, 스노클링 마니아들이 모여든다.

찾아가기

페리(플라야 델 카르멘~코수멜) | 플라야 델 카르멘에는 페리 터미널이 단 하나뿐이다. 페리 터미널은 5번가의 시작 지점 근처로 푼다도레스 공원Parque Fundadores에서 매우 가까운 곳에 있다. 플라야 델 카르멘 페리 터미널에서는 코수멜까지 3개 회사의 고속선이 운항되고 있다.

소요 시간은 약 40분, 요금은 편도 135~200페소, 왕복 270~390페소로 티켓은 페리 터미널 주변 또는 여행자들의 거리로 알려진 퀸타 아베니다Quinta Avenida 거리에 있는 각 회사 부스에서 구매할 수 있다. 당일 구매한다면 그때그때마다 할인 요금이 나오기 때문에 페리 회사에서 나누어주는 할인 전단지를 확인해보자. 또한 늦어도 페리 탑승 10분 전에는 페리 터미널에 도착해 대기해야 한다.

페리 운항 회사

Ultramar	Barcos Caribe	Winjet
@ www.ultramarferry.com	@ www.barcoscaribe.com	@ www.winjet.mx/eng
⊙ 플라야 델 카르멘 07:00~23:00 출발, 코수멜 05:45~22:00 출발, 1일 18편	⊙ 플라야 델 카르멘 06:45~23:00 출발, 코수멜 05:45~22:00 출발, 1일 5편	⊙ 플라야 델 카르멘 09:00~21:00 출발, 코수멜 08:00~20:00 출발, 1일 16편
☎ +52 987 564 8267	☎ +52 987 120 3982	☎ +52 987 872 1508

항공 | 코수멜 섬의 국제공항까지는 멕시코 또는 미국에서 출발하는 직항 편으로도 이동할 수 있다.

- **멕시코 출발** 멕시코 내에서는 멕시코시티와 칸쿤에서 이동할 수 있다. 멕시코시티에서는 아에로멕시코AM와 인터젯Interjet Airlines이 취항하며 칸쿤에서는 마야 에어MayAir를 이용해 약 20분이면 코수멜 섬에 갈 수 있다.
- **미국 출발** 미국 내 애틀랜타와 마이애미, 댈러스, 휴스턴에서 직항 편을 운행한다. 미국에서는 아메리칸 에어라인American Airlines, 델타항공Delta Air Lines, 버진 아메리카Virgin America, 유나이티드 에어라인United Airlines 등의 항공사가 취항하고 있다.

크루즈 | 코수멜 섬은 미국 동남쪽에 있는 카리브해 일대를 돌아보는 크루즈의 기항지이기도 하다. 로열 캐리비안 크루즈, 프린세스 크루즈와 같은 초대형 크루즈 회사에서 미국에서 출발해 코수멜 섬을 들러 트레킹과 스노클링을 즐기는 여행 상품을 판매한다. 크루즈 예약 로열 캐리비안 크루즈 www.rccl.kr(한국어 대응), 크루즈닷컴 www.cruise.com

섬 돌아보기

택시 | 코수멜 섬에는 대중교통 수단이 없기 때문에 주로 택시로 이동하게 된다. 해안가를 따라 택시 승강장이 있으며 요금은 행선지에 따라 정해지지만 미터기가 없기 때문에 탑승 시 꼭 확인해야 한다.

렌터카 또는 스쿠터, 렌털 자전거 | 렌터카를 이용한다면 코수멜 섬 공항이나 호텔의 카운터, 섬의 수도인 산 미구엘San Miguel에 있는 회사를 통해 수속해야 한다. 산 미구엘 시가지에는 일방통행이 많고 주차 공간이 거의 없으므로 운전 시 유념하자. 스쿠터는 1일 25~35USD, 렌털 자전거는 1일 7USD 정도다.

섬의 주요 액티비티

스쿠버 다이빙 | '다이버의 천국', '수중 낙원'으로 불리는 코수멜 섬은 연중 맑고 푸른 바다와 바다 밑에 산호초가 넓게 발달되어 있어 스쿠버 다이빙을 즐기기에 최적의 환경을 자랑한다. 푼타 수르 리프Punta Sur Reef, 찬카납 리프Chankanaab Reef, 플란카 가든 리프Palancar Gardens Reef 등 인기 다이브 사이트를 비롯한 대부분의 다이브가 가능한 스폿은 서쪽 해안에 몰려 있다.

추천 업체 | **Maple Leaf Scuba**

🏠 Av Lic Benito Juárez 273, Centro, 77600 San Miguel de Cozumel, Quintana Roo

$ 초보 : 해변 기초 강습 및 다이빙 : 2~3시간, 80USD / 배 타고 나가서 기초 강습 및 다이빙 : 4~5시간, 130USD / 오픈 워터 자격증 : 소요 시간 3일, 430USD / 어드밴스드 자격증 : 2.5일, 375USD / 레스큐 다이버 자격증 : 3일, 400USD

☎ +52 987 101 5019   @ www.mapleleafscuba.com

이슬라 홀박스 Isla Holbox

**아무것도 하지 않을 자유!
외딴섬에서 누리는 진짜 휴식**

칸쿤의 서북쪽 멕시코 만에 있는 섬 홀박스(현지 발음은 홀보쉬)는 마야어로 '검은 구멍'이라는 뜻으로 섬 남쪽의 검푸른 라군 때문에 이런 이름이 붙여졌다고 한다. 아직 관광객이 많이 찾아오지 않는 평화롭고 고요한 시골 섬으로 얕은 백사장에 매여 있는 고깃배와 드넓게 펼쳐진 푸른 바다를 배경으로 멋진 사진을 찍거나 세상사 모두 잊고 아무것도 하지 않고 시간을 보내도 좋은 곳이다. 성수기는 고래상어를 관측할 수 있는 6월에서 9월 사이다. 이 섬엔 '모기'가 붙은 지명이 있을 정도로 모기의 천국이니 자연 친화 모기 퇴치제를 꼭 챙겨가야 한다.

찾아가기

차/버스+페리 | 홀박스에 가기 위해서는 차 또는 버스로 치킬라Chiquila로 이동해서 페리를 탑승해야 한다. 렌터카 이용 시 섬에는 차량을 가져갈 수 없으니 페리 터미널 바깥의 유료 주차장에 차를 세워야 한다. 칸쿤, 플라야 델 카르멘, 툴룸 등지에서 버스로도 치킬라에 갈 수 있으며 하루에 여러 대의 버스를 운행한다.

픽업 패키지 | 칸쿤 호텔이나 칸쿤 공항에서 차량을 타고 이동한 후 보트로 홀박스로 이동, 페리 터

	칸쿤 출발	플라야 델 카르멘 출발	툴룸 출발
버스	2시간 30분~3시간, 180~254페소	2시간, 270페소	하루 한 번 08:10 출발, 4시간~4시간 30분 소요, 344페소
페리	치킬라~홀박스		
	05:00-18:00, 1~2시간에 1대꼴로 운항, 20~30분 소요, 편도 140페소~ 항구에서 바로 배표를 구매할 수 있다.		

미널에서 홀박스 호텔까지 데려다주는 픽업 상품도 판매한다. 칸쿤 호텔 존 출발 기준 편도 1~2인 144USD, 9인 395USD로 인원이 많아질수록 저렴해진다. 픽업 상품은 holboxadventure.com 참고.

섬 돌아보기

섬 내부는 환경을 보호하기 위해 자동차 사용이 금지되어 골프 카트로 이동하는 것이 일반적이다. 페리가 도착하는 항구에서 가까운 섬 중심부인 센트로 지구에서 관광객을 위한 골프 카트(임대료 1시간당 100페소~)와 오토바이, 자전거를 대여할 수 있다.

섬의 주요 액티비티

고래상어와 수영 | 매년 5월 말~9월에 운영되는 멸종 위기의 고래상어 관찰 투어가 유명하며 7~8월에 고래상어를 가장 많이 볼 수 있다. 배가 작아 움직임이 심하니 평소 멀미하는 사람은 멀미 약을 준비하도록 하자. 고래상어와 헤엄치는 것 외에도 플라밍고와 돌고래, 가오리 등을 볼 수 있다.

추천 업체 | **Holbox Adventure**
☎ +52 984 135 6451
$ **고래상어 투어** 145USD~ (스노클 장비, 간단한 아침 식사, 음료, 멕시코식 생선회, 점심 식사 포함) / **통통배 투어** 30USD (물과 홀박스 섬 내 픽업 서비스 포함)
⛵ 수영복, 모자, 수건, 환경친화적인 선크림, 현금
@ holboxadventure.com/en/

통통배 섬 투어 | 고래상어 비수기에 섬을 찾았다면 통통배 투어로 홀박스 섬과 인접해 있는 열정의 섬La Isla de Pasión에 가서 아무도 없는 해변을 만끽하고, 얄라아우 석호Yalahau Lagoon에 있는 파하로 섬Isla Pájaros의 맹그로브 습지대에서 플라밍고, 사다새, 가마우지, 왜가리, 군함새, 야생 오리 등 여러 가지 조류를 관찰할 수 있다. 자연 보호를 위해 허가된 곳에서만 출입할 수 있다.

자전거 투어 | 홀박스 섬을 좀 더 상세하게 살펴보고 싶다면 자전거를 대여해 해변이나 인적이 드문 곳까지 구석구석 탐험해보자. 화려한 색감의 건물과 그래피티 앞에서 사진을 찍거나 운이 좋으면 드넓게 펼쳐진 얕은 바다에서 플라밍고 수십 또는 수백 마리가 평화롭게 거니는 모습을 볼 수도 있다.

추천 업체 | **Playitas Ecobikes Holbox**
📍 페리터미널 앞 100미터
🏠 Calle Tiburón Ballena. 77310. Holbox, Quintana Roo
☎ +52 984 218 0200
$ 일반 자전거 대여 1시간 30페소, 24시간 250페소 / 전기 자전거 대여 1시간 200페소, 24시간 850페소
@ playitasecobikes.com/holbox/ (메일: info@playitasecobikes.com)

플라밍고의 서식지
리오 라가르토스 Rio Lagartos

유카탄 반도의 자연 보호 지역인 리오 라가르토스는 바다와 석호가 만나 폭넓은 생
태 다양성을 보이는 곳으로 국제적으로 중요한 조류 서식지. 이곳을 제대로 느끼
려면 보트 투어를 추천한다. 고고한 자태를 뽐내는 핑크색 플라밍고나 펠리컨을 비
롯한 다양한 새들을 구경하고, 머드를 온몸에 바르는 머드 바스 등을 체험해볼 수 있
다. 투어는 흥정만 잘한다면 보트당 1000~1500페소에 가능하다. 리오 라가르토스
남쪽으로 약 7km 거리에 있는 악어 농장Granja de Cocodrilos과 차로 15분 거리에
있는 강렬한 색감의 어촌 마을 산 펠리페San Felipe도 함께 둘러보면 좋다.

베스트 시즌 | 6월부터 시작해 7~8월이 비교적 많은 수의 플라밍고를 가까이에서
관찰하기에 가장 좋은 시기로 꼽힌다.

어디에 있을까 | 칸쿤에서 차로 3시간 30분, 핑크 호수 라스 콜로라다스에서 차로
20분 소요된다.

어떻게 갈까 | 칸쿤에서부터 투어를 이용하거나 렌터카, 버스를 이용해 이동. 버스
이동 시에는 칸쿤에서 티시민Tizimin까지 이동 후 티시민에서 버스나 콜렉티보를
이용한다. 버스 요금 약 200페소.

주의할 점 | 렌터카 이동 시 주유소가 보이면 미리 기름을 채울 것. 내가 원할 때 주
유소가 나타나지 않을 수도 있다.

chalettnl

● ● ●

♡ ○ ◁

❤ 5686 likes

신비로운 핑크빛 호수
라스 콜로라다스 Las Coloradas

리오 라가르토스 동쪽에 있는 도시 라스 콜로라다스Las Coloradas에서 발견된 분홍색 호수로 이름이 따로 없이 마을 지명으로 불린다. 이곳은 1년에 수십만 톤의 소금을 생산하는데 인스타그램에서 화제가 되며 관광지로 널리 알려지고 있다. 나트륨 함량이 높아 플랑크톤이 많이 서식하며 플랑크톤이 에너지를 생산하기 위해 햇빛을 흡수하는 과정에서 붉은빛 색소를 만들어낸 덕분에 선명한 분홍색을 띠고 있다. 핑크빛 호수를 배경으로 마음껏 사진 촬영을 해보자.

베스트 시즌 | 5~10월의 우기를 제외한 11월부터 4월까지 방문하는 것이 좋다.

어디에 있을까 | 칸쿤에서 서쪽으로 차로 편도 3시간 정도 소요된다.

어떻게 갈까 | 칸쿤 또는 플라야 델 카르멘에서 출발해 리오 라가르토스와 묶어서 방문하는 투어를 이용하는 것이 가장 좋다. 또는 칸쿤, 메리다, 바야돌리드 등에서 티시민Tizimin까지 이동해 티시민에서 하루에 1편 운행하는 버스로 이동할 수 있다.

주의할 점 | 지도 앱에 Las Coloradas만 넣으면 같은 이름의 마을로 인도해주니 Las Coloradas Pink Lake로 입력할 것. 호수에서의 수영은 금지되어 있다. 주변에 그늘이 없으므로 모자, 양산, 선크림을 꼭 챙겨가자.

chalettnl

♡ ○ ◁

5686 likes

chalettnl

♡ ○ ◁

5686 likes

환상적인 그러데이션의 일곱 빛깔 호수
바칼라르 Laguna de Bacalar

유카탄 반도의 남쪽이자 벨리즈 국경에서 가까운 멕시코의 작은 도시 바칼라르에는 멕시코의 몰디브로 불리는 일곱 빛깔의 빛나는 호수, 바칼라르 호수가 있다. 수심에 따라 투명한 색에서 연한 에메랄드빛, 진한 남색까지 점점 색이 짙어지는 일곱 빛깔은 자연이 만들어낸 자연스럽고도 아름다운 그러데이션 기법이다. 칸쿤이나 플라야 델 카르멘에 비해 한적하고 바다가 아니기 때문에 파도가 없어 느긋하고 여유 있게 물놀이를 하기에도 안성맞춤이다.

베스트 시즌 | 기온이 너무 높지 않으면서 습도가 적당해 야외 활동 하기 좋은 10~12월을 추천한다.

어디에 있을까 | 칸쿤에서 차로 약 4시간, 툴룸에서 남쪽으로 차로 2시간 소요된다.

어떻게 갈까 | 칸쿤 또는 플라야 델 카르멘에서 출발하는 1일 투어, 칸쿤 출발 버스 이용 시 5시간 이상 소요된다.

주의할 점 | 다이빙, 스노클링, 수영 외에도 호수 주변 액티비티 업체를 통해 카약, 보트 투어도 이용할 수 있다.

chalettnl

♡ ♡ ⌲

♥ **5686** likes

스페인 식민지 시절의 모습을 간직한 컬러풀한 도시

바야돌리드 Valladolid

칸쿤이나 플라야 델 카르멘 같은 신생 도시에서는 맛보지 못하는 멕시코스러움을 물씬 느낄 수 있는 도시. 보통 스페인 식민지 도시들은 도시 중심에 네모난 광장이 있고 교회와 정부 건물, 크고 작은 상점과 식당이 광장을 둘러싸고 있는데, 1543년 스페인에 의해 지어진 바야돌리드는 이와 같은 형태이며 웅장한 종교 건물과 아기자기한 파스텔 톤 건물이 아름답게 조화를 이루고 있다.

어디에 있을까 | 리오 라가르토스와 칸쿤 중간쯤에 위치. 칸쿤에서 차로 2시간 정도 소요된다.

어떻게 갈까 | 칸쿤에서 출발하는 치첸이트사 투어에서 주로 중간 기착지로 들르는 곳이기 때문에 투어 구입 시 미리 확인해보는 것이 좋다.

주의할 점 | 칸쿤처럼 달러가 통용되지 않으니 멕시코 페소를 꼭 준비해야 한다.

정글이 내려다보이는 하늘 위 호화 레스토랑

킨토 Kin Toh

툴룸 아줄리크Azulik 리조트 내에 있는 근사한 레스토랑(www.azulik.com/gastronomy/kin-toh)으로 현대 멕시코 요리와 퓨전 마야 요리, 칵테일을 제공한다. 실내도 매력적이지만 리조트를 둘러싼 드넓은 정글 숲과 하늘까지 탁 트인 전망으로 즐길 수 있는 대형 둥지 모양의 지상 12m 높이 야외 캐노피 테이블로 유명하다. 석양이 질 무렵에는 실내외 할 것 없이 아름다운 뷰를 자랑한다. book@kintoh.com 또는 전화 +52 984 980 0640로 연락해 사전 예약 후 방문하는 것이 좋다.

어떻게 갈까 | 플라야 델 카르멘에서 차로 약 50분, 툴룸 비치에 있는 툴룸 아줄리크 Azulik 리조트 내에 있다.

주의할 점 | 오픈은 월~토요일 17:30-23:00이며 레스토랑 방문 시 수영복을 입지 않도록 드레스 코드에 신경 써야 한다. 또한 야외 테이블을 이용하려면 최소 1000USD 이상 주문해야 한다.

chalettnl

♡ ♡ ⌲

♥ **5686** likes

멕시코 맛보기

멕시코의 음식 문화는 다양한 부족의 원주민이 먹던 옥수수, 콩, 아보카도, 토마토, 고추를 사용한 요리에 스페인 식민지 시절에 쇠고기, 닭고기, 돼지고기, 치즈 등이 더해졌고 이후 세계 각지에서 온 이민자들의 영향을 받아 오늘날과 같은 형태로 완성되었다. 칸쿤과 인근 관광지는 유서 깊은 식당도 많지 않고 관광객의 입맛에 맞춰 약간씩 변형된 요리가 많아 멕시코 전통 음식을 맛보기가 쉽지 않다. 그래도 멕시코에 왔으니 멕시코 전통 음식을 미리 알아두었다가 주문해보자.

멕시코 식재료

옥수수 Corn

멕시코인의 주식. 주로 타말과 토르티야 재료로 많이 쓰인다.

노팔(선인장) Nopal

멕시코 고산지가 원산지인 손바닥 모양의 선인장. 요리뿐만 아니라 당뇨, 고혈압, 간염, 변비를 치료하는 약으로 많이 쓰인다.

고추 Chile

고추의 원산지인 만큼 종류가 매우 다양한데 그중에서도 할라페뇨Jalapeño와 청양고추보다 25~80배 매운 아바네로 Habanero 품종이 유명하다.

실란트로(고수) Cilantro

주로 살사나 과카몰레 소스에 많이 쓰이며 향이 강해 처음에는 거부감이 들 수 있지만 익숙해지면 찾게 된다.

라임 Lime

생선, 고기, 타코나 수프는 물론 맥주와 살사 소스에도 쓰이며 심지어 과일이나 채소에도 고춧가루와 함께 라임 즙을 얹어 먹는다.

TIP 이것도 알아두자!

비슷한 듯 다른 토르티야 사용 음식

1 타코 Taco

부드러운 토르티야에 속을 넣어 접어 먹는 것

3 부리또 Burrito

토르티야에 속을 넣어 돌돌 말아서 먹는 것

토르티야Tortilla란?

옥수수 가루나 밀가루를 반죽해 얇게 밀어 기름을 두르지 않은 팬에 구워 만든 멕시코식 빵이자 주식. 우리나라 전병과도 비슷하다. 멕시코 사람들은 토르티야를 밥처럼 끼니마다 먹는데 보통 양념한 고기나 채소 요리를 넣어 싸서 손으로 먹는다.
반죽 형태, 속 재료, 조리법, 지역 등에 따라서 비슷한 요리도 타코Taco, 퀘사디야Quesadilla, 소페Sope, 부로Burro, 파누초Panucho, 엔칠라다Enchilada 등 다양한 이름으로 불린다.

2 파히타 Fajita

프라이팬에 구운 고기와 채소를 올리고 토르티야를 곁들인 것

4 퀘사디야
Quesadilla

토르티야 사이에 치즈와 다른 속을 넣어 구운 것

멕시코 대표 요리

타코 알 파스톨 Tacos al Pastor

멕시코 전역에서 가장 많이 사랑받는 타코. 오렌지, 식초, 후추, 고추 등으로 양념한 돼지고기를 직화 구이해서 옥수수 토르티야에 얹고 파인애플을 올려 먹는다. 식당에 갔을 때 긴 꼬치에 세워 돌아가는 붉은 고기를 보게 되면 100% 타코 알 파스톨이니 꼭 시도해볼 것.

타코 데 코치니타 Tacos de Cochinita

유카탄 지역 뷔페에서 대부분 맛볼 수 있는 음식. 돼지고기에 아치오떼Achiote라는 나무의 붉은 씨앗으로 색을 입힌 후 최소한 1시간 이상 치대어 준비한다. 전통적으로는 땅을 파서 불을 피운 후 양념된 고기가 담긴 냄비를 걸고 바나나 잎으로 덮어 익히지만 요즘은 그냥 오븐을 이용해 요리한다.

부리또 Burrito

밀가루 토르티야에 콩과 고기를 넣고 돌돌 말아 살사와 함께 먹는 부리또는 정통 멕시코식. 고기, 콩과 함께 사워크림, 인스턴트 치즈, 밥 등이 들어가 뚱뚱한 부리또는 텍스멕스Tex-Mex라고 보면 된다.

TIP 이것도 알아두자!

텍스멕스Tex-Mex란? 텍사스 지역에 거주하는 멕시코인이 만들어 먹으면서 시작된 미국식 멕시코 요리. 한국에서 먹는 대부분의 멕시코 음식은 텍스멕스에 가깝다.

파히타 Fajita

텍스멕스의 한 종류로 그릴에 구운 쇠고기, 돼지고기, 새우, 닭고기 등에 피망, 양파 등 구운 채소를 토르티야에 싸 먹으면 된다. 무난하게 먹기 좋아 외국인에게 인기 좋은 요리다.

타말 Tamal

옥수수 가루를 반죽해 속에 살사로 양념한 각종 고기를 넣고 옥수수 잎이나 바나나 잎으로 말아 찐 요리로, 멕시코 호텔 뷔페나 길거리에서 쉽게 찾아볼 수 있다. 지역에 따라 파인애플 등을 넣은 후식용 타말도 판매한다.

몰레 Mole

한국에는 잘 알려지지 않은 멕시코 대표 음식 중 하나. 고춧가루와 초콜릿을 비롯한 20~30가지 향신료가 들어간 걸쭉하고 달콤한 맛의 검은색 소스를 보통 닭고기 위에 얹어 토르티야와 함께 먹는다.

칠라낄레스 Chilaquiles

멕시코 사람들이 아침 식사로 많이 찾는 음식으로 튀긴 토르티야에 살사 베르데(녹색 살사)Salsa Verde나 살사 로하(붉은 살사)Salsa Roja를 끼얹고 닭고기나 달걀과 함께 먹는다. 멕시코식 살사를 좋아하는 사람에게 추천.

몰카헤떼 데 까르네 Molcajete de Carne

몰카헤떼Molcajete는 돌로 만든 절구 형태의 용기에 그릴에 구운 닭고기, 멕시코식 소시지인 초리소Chorizo, 쇠고기, 선인장, 파, 치즈 등과 살사를 같이 올린 것이다. 고기 대신 새우나 해산물을 넣기도 한다.

세비체 Ceviche

흰 살 생선, 문어, 새우 등을 채소와 함께 라임 즙에 절여 먹는 대표적인 멕시코식 해산물 요리.

아침 식사로 많이 먹는 멕시코식 달걀 요리

우에보스 디보르시아도스
Huevos Divorciados
달걀 프라이가 2개 나오는데 하나는 녹색 살사, 다른 하나는 빨간색 살사를 끼얹는다.

우에보스 멕시카나
Huevos a la Mexicana
하얀색 양파, 녹색 고추, 토마토를 넣어 멕시코 국기의 3색을 낸 스크램블 에그.

우에보스 란체로스
Huevos Rancheros
살짝 튀긴 토르티야에 달걀 프라이를 얹고 살사를 끼얹어 먹는 요리.

우에보스 콘 초리소
Huevos con Chorizo
멕시코식 소시지인 초리소Chorizo를 넣은 스크램블 에그.

우에보스 콘 차야
Huevos con Chaya
유카탄 지역에서 즐겨 먹는 시금치와 비슷한 녹색 채소를 넣은 스크램블 에그.

TIP 이것도 알아두자!

멕시코 살사 및 곁들여 먹는 사이드 디시 7가지

1 살사 베르데 Salsa Verde
'녹색 소스'라는 뜻으로 녹색 고추, 녹색 토마토, 양파 등을 구운 후 고수와 함께 갈아서 만든다.

2 살사 로하 Salsa Roja
'빨간색 소스'라는 뜻으로 녹색 토마토 대신 붉은색 토마토로 붉은색을 낸 살사.

3 살사 아바네로 Salsa Habanero
청양고추보다 25~80배 더 매운 고추를 넣은 소스. 멕시코인의 매운맛 사랑을 엿볼 수 있다.

4 피코 데 가요 Pico de Gallo
양파, 실란트로, 고추, 토마토 등을 잘게 잘라 살사와 섞어놓은 소스.

5 피코 데 가요 꼰 노팔 Pico de Gallo Con Nopal
일반 피코 데 가요에 작게 자른 선인장을 추가한 것.

6 세보야 모라다 쿠티다 Cebolla Morada Curtida
유카탄 지역에서 특히 많이 먹는 살사로, 보라색 양파를 식초에 절여서 준비.

7 과카몰레 Guacamole
으깬 아보카도에 잘게 썬 고수, 양파, 토마토, 고추를 넣은 것. 한국인에게 인기가 많다.

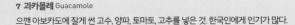

멕시코 술과 맥주

테킬라 Tequila   멕시코에서 자라는 용설란Agave 중 한 종인 아가베 아술Agave Azul의 수액을 채취해 증류한 40도 정도의 무색 투명한 술로, 1968년 멕시코 올림픽 이후 유명해져 120개 국가에 수출될 정도로 세계적인 술이 되었다. 현재 약 1200개의 테킬라 브랜드가 등록되어 있고 숙성 기간이 한 달 정도로 가장 짧은 테킬라 블랑코Tequila Blanco, 중간 정도인 테킬라 레포사도Tequila Reposado, 1~5년 숙성한 테킬라 아녜호Tequila Añejo로 나뉘며 숙성 기간이 길수록 값어치가 올라가고 색도 더 진한 황색을 띤다. 손등에 소금을 올려놓고 핥으면서 술을 들이켜는 것으로 알려져 있으나, 이는 목 넘김을 부드럽게 하기 위한 것으로 꼭 따라야 하는 법칙은 아니다.

1800 베르다노 1800 Verdano
100% 용설란으로 만들어진 테킬라 블랑코에 과일 향과 오이 향을 섞어서 만든 테킬라. 그냥 마시거나 오렌지 주스, 레몬 주스, 토닉 워터 등과 함께 마신다.

알라크란 블랑코 100%
Alacrán Blanco 100%

100% 용설란으로 소량 증류 생산한다. 캐러멜 향과 달콤한 맛을 느낄 수 있다.

돈 훌리오 70 Don Julio 70
70년간의 경험과 기술을 살려 제조한 최상품 테킬라로 테킬라 블랑코와 테킬라 아녜호의 장점을 모두 가지고 있다. 18개월간 백참나무 술통에서 숙성한다.

마에스트로 도벨
Maestro Dobel

맛이 순하고 청량감과 연한 단맛이 난다. 소량 생산되며 백참나무 술통에서 숙성한다.

카사 드라고네스 Casa Dragones
병마다 사인과 고유 번호를 손으로 표기하는 소량 생산 브랜드. 100% 용설란으로 만들며, 충분히 숙성된 테킬라와 테킬라 블랑코를 혼합해 백참나무 술통에서 5년간 숙성시킨다. 맛이 부드러워 샷으로 마시기 좋다.

TIP 이것도 알아두자!

테킬라 칵테일

마르가리타 Margarita
테킬라 베이스에 마른 오렌지 껍질로 만든 알코올을 넣고 라임 즙을 추가해 만든다. 보통 컵 윗부분에 소금이 둘러 나온다. 새콤달콤 짭조름한 맛.

불독 Bulldog
마르가리타에 병맥주가 거꾸로 꽂혀 나온다. 마르가리타처럼 컵 주변에 소금이 둘러 나온다.

팔로마 Paloma
테킬라 베이스에 자몽 맛 탄산음료를 섞어 만든 상큼한 맛의 칵테일. 팔로마는 비둘기라는 뜻. 이 칵테일 역시 컵 주변에 소금이 둘러 나올 수 있다.

반데라 Bandera
스페인어로 '깃발'이라는 뜻으로 음료에 빨간색, 흰색, 녹색의 멕시코 국기 색깔이 모두 들어가 있다. 1잔의 칵테일이 아니라 투명한 색의 테킬라 블랑코, 연두색의 라임 주스, 상그리타Sangrita라는 톡 쏘는 맛의 토마토 주스가 '샷'용 작은 잔에 각각 담겨 나오므로 차례로 조금씩 마시며 입안에서 조화를 느껴보자.

테킬라 선라이즈 Tequila Sunrise
테킬라 베이스임에도 그레나딘 시럽과 오렌지 주스가 들어가서 달콤하다. 시럽의 붉은색과 오렌지 주스의 노란색이 완전히 섞이지 않고 그러데이션을 이루는데, 이것이 일출 모습처럼 보인다고 해서 선라이즈라는 이름이 붙었다. 이름처럼 아름다운 칵테일이다.

메스칼 Mezcal

테킬라가 단 1종의 용설란만 사용해서 제조하는 데 반해 메스칼은 14종류의 용설란을 사용한다. 용설란 몇 종을 섞는가와 증류 방법에 따라 종류가 다양해지는데, 숙성 기간에 따라 테킬라처럼 블랑코, 레포사도, 아녜호 3가지로 나뉜다. 메스칼은 테킬라보다 수작업 비중이 높은데 가끔 메스칼 병에서 용설란 뿌리에 사는 붉은 애벌레나 용설란 잎에 사는 흰색 애벌레가 들어가 있는 것을 볼 수 있다. 애벌레가 들어간 메스칼은 맛이 약간 다르고 이 애벌레 역시 먹을 수 있으니 용기가 있다면 애벌레까지 한번 먹어보자.

TIP 이것도 알아두자!

좋은 메스칼을 고르는 방법
병에 100% Agave라고 쓰여 있거나 알코올 함유량이 45% 이상인 것, 병에 원산지 표시가 되어 있는 것, 살짝 흔들었을 때 거품이 진주 방울처럼 생기는 것을 고르면 좋다.

미첼라다 Michelada

멕시코식 맥주 칵테일로 맥주에 소금과 레몬을 비롯해 토마토소스, 페퍼 플레이크, 우스터소스 등을 넣어 제조하며 바텐더마다 레시피는 조금씩 다르다. 시큼한 맛이 강해 보통 외국인 여행자들은 선호하지 않는 음료이지만 멕시코가 원조이니 한 번 과감하게 시도해보는 것을 추천한다.

스타벤튼 Xtabentun

아니스 씨앗과 스타벤튼 꽃의 꿀을 발효해 섞은 후 럼주를 넣어 만든 유카탄 지역의 발효주. 마야의 제례용 술이 입맛에 맞지 않던 스페인 정복자들이 아니스를 넣은 것이 그 시초로 유카탄 지역의 인기 기념품이기도 하다. 맛이 달콤해 대부분 그냥 마시지만 라임 즙을 넣거나 커피, 테킬라와 함께 마시기도 한다.

멕시코 맥주 Cerveza

멕시코는 맥주 생산량이 세계 4위, 소비량 6위의 맥주 대국이다.
멕시코 맥주 하면 코로나가 제일 유명하지만 코로나와 같은 캐주얼 맥주 외에도 프리미엄 맥주나 크래프트 맥주까지 종류가 매우 다양하다.

꼭 맛보아야 할 멕시코 맥주

코로나 엑스트라 Corona Extra

4.5%의 라거 맥주. 세계에서 5번째로 많이 팔리는 맥주다. 타코와 좋은 궁합을 보이는 이 맥주는 라임 즙을 넣어서 마시면 훨씬 더 상큼하다.

모델로 에스페시알 Modelo Especial

코로나에 이어 멕시코에서 2번째로 인기가 높은 화려한 향과 감칠맛의 프리미엄 맥주. 어떤 요리와도 잘 어울리며 맥주 SOL보다 좀 더 진한 맛이다.

네그라 모델로 Negra Modelo

5.3%의 멕시코 대표 흑맥주로 90년 넘는 역사를 가지고 있다. 흑맥주를 즐겨 마시지 않는 사람에게도 추천할 만큼 풍부한 향과 균형 잡힌 맛을 자랑하며 매운 멕시코 음식과 좋은 궁합을 보인다.

솔 SOL

1899년부터 만들어져 그 역사가 100년 이상 지속되어온 멕시코 대표 맥주. 상쾌하면서도 깨끗한 맛이 특징으로 자주 마셔도 질리지 않는다.

테카테 TECATE

소금, 라임과 함께 먹는 멕시코의 또 다른 국민 맥주. 탄산이나 쌉쌀한 맛이 강하지 않은 대신 맥아의 단맛이 느껴지는 가벼운 맛이 특징이다.

레온 네그라 Leon Negra

유카탄 주 메리다에서 탄생한 맥주. 달콤한 맛에 약간 쓴맛이 함께 느껴지는 맥주로 풍성한 하얀 거품이 특징이다.

도스 에끼스 앰버 라거 Dos Equis Amber Lager

4.7%의 비엔나 스타일 앰버 맥주. 라벨의 아즈텍 황제 목테수마 이미지가 멕시코 맥주 느낌을 더해준다. 맛이 풍부하면서도 끝은 부드럽다. 고기류와 궁합이 좋다.

도스 에끼스 스페셜 라거
Dos Equis Special Lager

맥주를 잘 마시지 못하는 사람도 쉽게 마실 수 있을 정도로 가벼우면서도 깔끔한 맛의 맥주다.

보헤미아 BOHEMIA

맥주 애호가들의 까다로운 입맛도 만족시키는 흑맥주. 다른 맥주보다 조금 더 비싼 편이나 그만큼의 가치가 있다. 단, 병을 재활용하지 않아 환경 오염에 일조하게 된다는 것이 큰 단점.

멕시코 차와 음료

멕시코 사람들은 생수를 잘 마시지 않는다. 그래서인지 몇 년째 콜라 소비 1위 자리를 굳건히 지키고 있다. 식사 때에도 보통 탄산음료나 단맛이 나는 음료를 함께 섭취하는 편인데, 멕시코에서는 이 단맛 나는 음료도 물Agua이라고 부른다. 멕시코에서만 맛볼 수 있는 음료가 제법 많으니 놓치지 말고 마셔보자!

아구아 데 오르차따
Agua de Horchata

불린 쌀에 우유, 시나몬 스틱, 설탕을 넣어 만든 음료. 쌀 대신 아몬드나 코코넛 등이 들어가는 경우도 가끔 있다.

제철 과일 음료

아구아 데 산디아Agua de Sandia는 수박, 아구아 데 파파야Agua de Papaya는 파파야, 아구아 데 멜론 Agua de Melon은 멜론, 아구아 데 피냐Agua de Piña 는 파인애플, 아구아 데 페피노Agua de Pepino는 오이가 들어간 음료로 이 밖에도 망고, 오렌지, 치아 씨 앗, 용과 등 갖가지 제철 과일과 채소로 음료를 만든다. 과일을 간 후 물과 설탕을 많이 섞어 만들거나 시판하는 가루를 사용하는 경우도 있다.

멕시코식 코코아
Mexican Hot Chocolate

코코아와 초콜릿의 원재료가 되는 카카오 열매는 멕시코를 비롯한 중남미가 원산지로 이곳에서 마시는 코코아는 덜 가공된 진한 맛이 난다. 멕시코에서는 원반형 초콜릿 덩어리를 뜨거운 물이나 우유에 넣어 한참 저어서 녹여 먹는다. 이 덩어리는 선물용으로도 좋다.

아톨레 Atole

물에 옥수수 가루, 시나몬 스틱, 바닐라, 사탕수수 고체 설탕 등을 넣은 후 데워서 걸쭉하게 만든 음료. 보통 길거리에서 타말과 함께 판매한다. 길거리에서 타말을 주문한다면 꼭 아톨레도 함께 주문해보자.

아구아 데 타마린도
Agua de Tamarindo

커다란 땅콩 모양의 열매 타마린도의 과육으로 만든 차. 새콤달콤한 맛이 입맛을 돋우어준다. 변비, 위장염, 콜레스테롤 저하에 효과가 좋다.

아구아 데 하마이까 Agua de Jamaica

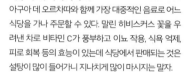

아구아 데 오르차따와 함께 가장 대중적인 음료로 어느 식당을 가나 주문할 수 있다. 말린 히비스커스 꽃을 우려낸 차로 비타민 C가 풍부하고 이뇨 작용, 식욕 억제, 피로 회복 등의 효능이 있는데 식당에서 판매되는 것은 설탕이 많이 들어가니 지나치게 많이 마시지는 말자.

멕시코 음식 추천 레스토랑

칸쿤 인근 | 엘 키오스코 베르데 El Kiosko Verde

칸쿤에선 보기 드문 40년 전통 식당으로 캐주얼하고 정겨운 분위기에서 셰프가 개발한 실험적인 음식부터 전통적인 멕시코 음식, 각종 칵테일과 수제 맥주까지 즐길 수 있다. 선착장과 가까워서 이슬라 무헤레스를 방문하는 관광객이라면 배 타기 전 들러볼 것을 추천한다. 영업시간이 짧아서 시간을 잘 맞춰 가야 한다.

📍 칸쿤 다운타운 푸에르토 후아레스Puerto Juarez 선착장에서 도보 5분 거리

🏠 Av. López Portillo, Sm 84 Lote 14. Frente a La Naval Militar, 77520 Puerto Juárez

☎ +52 998 234 9098

🕐 12:30-18:30, 화요일 휴무

칸쿤 다운타운 | 라 파리야 La Parrilla

1975년부터 영업을 시작한 대표적인 멕시코 음식 전문 체인 레스토랑. 칸쿤 다운타운과 호텔 존, 플라야 델 카르멘 등에 지점이 있다. 모든 메뉴가 수준급이지만 그중에서도 특히 양념 돼지고기 직불 구이인 파스톨Pastor이 맛있는데, 이 고기로 만든 피자나 타코는 꼭 도전해보자. 매일 저녁 8시경부터 마리아치의 연주도 감상할 수 있다.

📍 칸쿤 다운타운 ADO 버스 터미널에서 도보 5분

🏠 Av Yaxchilán 51 Mz 23 Lt 51 Sm 22, Centro, Cancun

☎ +52 998 287 8119

🕐 12:00-02:00

칸쿤 다운타운 | 카페 나데르 Cafe Nader

가볍게 브런치를 즐기기 좋은 카페로 칸쿤에만 5개 지점을 운영하고 있다. 카페 나데르에서는 칠라낄레스에 한번 도전해보자. 살사 소스가 아닌 몰레 소스를 끼얹은 칠라낄레스도 있으니 멕시코식 카레를 맛보고 싶은 사람은 칠라낄레스 엔몰라다 Chilaquiles Enmolados를 주문하면 된다. 갓 갈아 나오는 신선한 과일 주스도 더위를 식히기에 제격이다.

📍 칸쿤 다운타운 ADO 버스 터미널에서 도보 12분
🏠 Av Carlos Nader 5, Cancun
☎ +52 998 887 0863
🕐 월~토요일 07:00-23:00, 일요일 11:00-18:00

칸쿤 호텔 존 | 멕스트림 Mextreme

외국인도 많이 방문하는 곳이기 때문에 영어가 잘 통하고 서비스도 훌륭한 멕시코 음식 전문 레스토랑이다. 주문한 메뉴가 나오기 전 여러 가지 살사와 함께 나초 비슷한 토토포Totopo(토르티야를 튀긴 조각)를 갖다준다. 화산석 용기에 구운 고기, 새우, 초리소, 치즈, 선인장 줄기, 양파 등이 담겨 나오는 몰카헤떼가 아주 일품이다. 저녁에 가면 마리아치 연주, 전통 춤 공연이 이루어져 눈과 입, 귀가 모두 즐겁다.

📍 슈퍼마켓 셀렉토 체드라우이Select Super Chedraui에서 도보 3분
🏠 Plaza Zócalo, Blvd Kukulcan Km 9.5 Zona Hotelera, Cancun
☎ +52 998 820 2024
🕐 07:30-24:00

플라야 델 카르멘 | 라 피셰리아 La Fisheria

텔레비전 출연은 물론 여러 권의 요리 책을 저술한 멕시코 스타 셰프 Aquiles Chávez Jiménez가 플라야 델 카르멘에서 운영하는 퓨전 멕시칸 레스토랑. 해산물을 전문으로 하는 곳으로 세비체Ceviche와 참치 요리, 멕시코의 국물 음식 칼도스 Los Caldos 등의 메뉴에 마르가리타와 같은 칵테일을 곁들이면 과하지 않으면서도 훌륭한 저녁 식사가 완성된다.

📍 ADO 버스 터미널에서 도보 12분
🏠 Calle 22 y 24, Quinta Avenida, Centro, Playa del Carmen
☎ +52 984 803 0611
🕐 12:00-24:00

칸쿤 슈퍼마켓 쇼핑 아이템

쇼핑 시 알아둘 점

팁 준비 | 대형 마트의 계산대에는 구매한 물품을 봉투에 담아주는 직원이 있어 10~20페소 정도 팁을 주는 것이 매너다. 팁을 줄 때 그라시아스Gracias라는 인사말도 잊지 말자.

빵 구입하기 | 대형 마트에는 베이커리 코너가 있어 매장에서 직접 구운 빵을 저렴한 가격에 구매할 수 있다. 베이커리 코너에서 직접 결제하는 것이 아니라 트레이에 담은 빵을 봉지에 담아 가격 태그를 붙인 뒤 다른 물품과 함께 마트 계산대에서 함께 결제하도록 되어 있다.

추천 아이템

살사, 몰레 등 각종 소스 Salsa & Mole Sauce

멕시칸 요리에 사용되는 각종 소스도 슈퍼마켓에서 손쉽게 구매할 수 있다. 브랜드 하데즈HERDEZ의 초록색 살사 베르데Salsa Verde, 고추가 들어간 매콤한 살사 란체라Salsa Ranchera, 브랜드 도냐 마리아Doña Maria의 몰레 소스Mole Sauce 등을 추천한다. 병에 들어 있거나 플라스틱 용기, 캔 등에 담겨 있다.

리큐어 초콜릿 Liquor Chocolate

테킬라Tequila가 들어 있는 테킬라 초콜릿, 커피 리큐어 깔루아Kahlua가 들어 있는 깔루아 초콜릿, 아이리쉬 크림 리큐어 베일리스Baileys가 들어 있는 베일리스 초콜릿 등 멕시코 대표 초콜릿 브랜드인 튜린Turin의 초콜릿은 선물용으로 가장 인기가 높다. 도수가 꽤 센 편이니 주의할 것.

토토포스 Totopos

토르티야를 나초 크기로 잘라 튀겨낸 토토포스는 살사 소스를 곁들이면 훌륭한 안주가 된다. 특별한 맛은 아니지만 묘하게 중독성이 있어 자꾸 손이 간다.

따힌 조미료 Tajin Seasoning

멕시코뿐 아니라 미국에서도 인기 있는 향신료로 100% 고품질의 고추와 라임 주스, 소금 등을 혼합해 만든다. 감자튀김이나 샐러드, 튀김 등 여러 요리에 활용할 수 있다.

염소 우유 캐러멜 스프레드(까헤따Cajeta)
Coronado Milk Caramel Spread

멕시코 브랜드 코로나도Coronado를 비롯해 여러 브랜드에서 생산하는 염소 우유 캐러멜 스프레드. 크래커나 빵, 과일 등에 곁들여 먹는다. 염소 우유 특유의 향이 느껴진다.

멕시칸 핫 초콜릿 Hot Chocolate

시나몬 향이 강하게 나는 네슬레사의 핫 초콜릿. 아부엘리타ABUELITA는 멕시코 말로 '할머니'라는 뜻으로 박스에 인자한 할머니 얼굴이 그려져 있다. 커다란 덩어리를 뜨거운 우유에 녹여서 먹는다. 분말로도 판매한다.

선인장 제품 Nopal & Agave Items

선인장Nopal을 이용해 만든 토르티야나 토토포스도 슈퍼마켓에서 심심치 않게 볼 수 있다. 또한 테킬라의 원료이기도 한 용설란Agave에서 추출한 아가베 시럽도 인기 쇼핑 아이템 중 하나다. 단, 시럽을 살 때 '100% Agave'라고 쓰여진 것을 선택하자.

세비야나 Sevillanas의 오블레아스 Obleas

바삭바삭한 얇은 과자 사이에 염소 우유 캐러멜 스프레드 카헤따Cajeta가 샌드된 과자로 달콤한 맛 덕분에 커피나 차와 잘 어울린다. 잘 부서지므로 짐에 넣어 갈 때 조심하자.

치차론 Chicharron

돼지 껍데기를 튀긴 멕시코 요리 치차론이 스낵 형태로도 판매되고 있다. 돼지 향이 강하게 나면서 짭조름한 맛의 과자는 맥주 안주로도 안성맞춤이며 살사 소스와의 궁합도 뛰어나다.

허브티 Herb Tea

멕시코는 커피뿐만 아니라 카모마일Té de Manzanilla, 레몬Té de Limón, 히비스커스Té de Jamaica, 박하Té de Menta 등 각종 허브티도 유명하다. 카페인이 들어있지 않고 향도 진하다. 맥코믹McCORMICK 브랜드 제품이 대표적이다.

멕시코 커피 Mexico Coffee

멕시코는 라틴 아메리카에서 브라질, 콜롬비아에 이어 커피 생산국 3위를 차지하고 있다. 멕시코 내에서도 치아파스Chiapas, 오아하카Oaxaca, 베라크루즈Veracruz 등에서 생산된 제품이 유명하다.

치아시드 Chia Seed

최근 슈퍼 푸드로 전 세계적으로 각광받고 있는 치아시드는 멕시코가 원산지이기 때문에 국내보다 좀 더 저렴한 가격에 구매할 수 있다. 세련된 패키지의 제품도 많아 선물하기에도 좋다.

테킬라 Tequila

멕시코를 대표하는 술, 테킬라는 우리나라보다 저렴한 가격에 구입할 수 있어 선물용으로 인기가 높다. 호세 쿠에르보Jose Cuervo, 돈 훌리오Don Julio, 패트론Patron 등이 많이 알려져 있다.

각종 과자 Snacks

토르티야를 둥글게 말아 각종 맛을 입힌 멕시코 국민 과자 타키스Takis, 바셀 칩스Barcel Chips의 할라페뇨 또는 하바네로 맛 포테이토칩, 티아 로사Tia Rosa의 쿠키 등 멕시코스러운 맛의 과자에도 도전해보자.

살 수 있는 곳

월마트Walmart 멕시코에서 가장 큰 슈퍼마켓 체인. 해외 수입 제품도 많고 제품 종류가 가장 다양하다. 칸쿤 다운타운과 플라야 델 카르멘 등 곳곳에 지점이 있다.

체드라우이Chedraui 가장 저렴한 가격의 슈퍼마켓 체인. 칸쿤 다운타운은 물론 칸쿤 호텔 존에 고급 슈퍼마켓 셀렉토 체드라우이가 있다.

메가Mega 주로 멕시코시티와 중부 멕시코에서 볼 수 있는 대형 슈퍼마켓 체인. 일부는 소리아나에서 인수해 운영하고 있다. 칸쿤 다운타운과 플라야 델 카르멘 등에 지점이 있다.

소리아나Soriana 멕시코 자본 100%인 대형 유통 업체로 멕시코에서 2번째 큰 규모를 자랑하며 다양한 제품을 갖추고 있다. 칸쿤 시내는 물론 플라야 델 카르멘 등에도 지점이 있다.

칸쿤 전통 시장 쇼핑 아이템

전통 시장, 메르카도 베인티오초 **Mercado 28**

칸쿤 시내의 기념품 시장으로 전통 의상, 화려한 색깔을 자랑하는 멕시코풍 그릇, 열쇠고리, 액세서리, 수공예 장식품 등 모든 기념품이 모여 있다.
테킬라, 은 제품, 가죽과 같은 전문 매장도 들어서 있다. 메르카도 베인티오초 옆으로는 아케이드 형식의 쇼핑몰 플라자 보니타 Plaza Bonita도 있다.

어떤 아이템을 사야 할까?

솜브레로

챙이 넓은 커다란 모자 솜브레로 Sombrero는 전통 시장뿐 만 아니라 기념품 숍에서도 심심치 않게 볼 수 있는 아이템이다. 인테리어 소품으로도 활용도가 높다.

전통 의상

섬세한 자수가 들어간 멕시코 전통 의상 위필 Huipil은 여러 가지 색깔과 스타일이 있어 골라서 구매하는 재미가 있다. 원피스는 1장에 500페소 정도.

도자기

화려한 문양의 도자기도 기념품으로 구매하기 좋다. 세계적으로 유명한 멕시코 푸에블라의 도자기 탈라베라 Talavera는 시장에서 발견하기 힘들지만 운이 좋으면 구매할 수 있다. 정품은 청색, 황색, 검은색 등 6가지 색상으로만 만들어지며 뒷면에 아티스트의 이니셜과 PUE, MEX가 새겨져 있다.

수공예품

색도 무늬도 다양한 자수 파우치나 휴양지에서 들기 좋은 가벼운 바스켓 백과 같은 멕시코 색이 묻어나는 수공예품도 전통 시장에서 판매하고 있다.

인테리어 소품

테킬라용 컵이나 멕시코의 상징인 솜브레로, 해골 모양의 알록달록한 냉장고 자석은 가격도 저렴하고 가벼워서 많이 사도 부담이 없다.

• 쇼핑 시 유의할 점

1 전통 시장 대부분의 상품에는 가격이 붙어 있지 않다. 흥정만 잘하면 원래 가격의 20~30%까지 저렴해지기도 한다.

2 가능한 한 고가의 물건을 착용하거나 가져가지 않는 것이 좋으며 입구가 잠기는 가방과 현금(멕시코 페소)을 챙겨가도록 하자.

여행 중 한 번쯤 꼭 들르게 되는 멕시코 체인점

아이 웨이 Ay Guey!

www.ayguey.mx

디즈니 픽사의 애니메이션 코코COCO에서 튀어나온 듯한 이미지들이 의류와 잡화 속에 가득 담겨 있다. 화려한 색감과 문양에서 멕시코스러움이 느껴진다. 플라야 델 카르멘에 3개, 칸쿤에 1개, 칸쿤 공항 제2터미널, 3터미널, 4터미널에 각각 1개씩 매장이 있다.

와얀 내추럴 웨어 Wayan Natural Wear

wayan.com.mx

히피스러운 느낌의 옷과 소품으로 가득한 상점. 다운타운에 매장이 많이 있을 뿐 아니라 눈길을 끄는 제품 디자인 때문에 한 번쯤 꼭 들르게 된다. 칸쿤 다운타운에 1개, 칸쿤 호텔 존은 쿠쿨칸 플라자를 비롯해 5개, 플라야 델 카르멘에 2개 매장을 운영하고 있다.

진가라 Zingara

zingarastore.com/home

멕시코에 본사를 둔 수영복 전문 브랜드. 수영복, 신발, 모자, 가방, 액세서리 등 세련되면서도 독특한 비치 웨어를 선보인다. 칸쿤 호텔 존의 라 이슬라 쇼핑 빌리지와 쿠쿨칸 플라자 등 칸쿤에만도 8개 이상의 매장이 있고, 플라야 델 카르멘은 파세오 델 카르멘을 비롯해 4곳에 지점이 있다.

아 카카오 Ah Cacao

www.ahcacao.com

초콜릿 전문점으로 매장에서 초콜릿 음료, 초콜릿 디저트는 물론 초콜릿 비누, 초콜릿 거품기, 초콜릿 보디 오일, 초콜릿 샴푸, 초콜릿 보디 크림, 코코아 파우더, 다크 초콜릿, 카카오빈, 커피 등을 구입할 수 있다. 플라야 델 카르멘에 3개, 칸쿤 라 이슬라 쇼핑몰에 1개의 매장이 있다.

라 미초아까나 La Michoacana

ytupaleta.com

유명한 아이스크림 체인점. 컵에 담아주는 아이스크림, 과육이 들어간 막대 아이스크림, 과일 음료를 저렴한 가격에 즐길 수 있다. 칸쿤 다운타운에만 10개 이상의 매장이 있고 플라야 델 카르멘에도 8개 매장이 있어 쉽게 찾을 수 있다.

알도스 Aldo's

aldosgelato.com

칸쿤과 플라야 델 카르멘에 지점을 가지고 있는 젤라토 전문 체인점. 케이크나 브라우니 같은 디저트도 판매한다. 칸쿤 다운타운에 2개, 플라야 델 카르멘의 시내 중심에 4개 지점이 있다.

55

CANCUN & RIVIERA MAYA
TRAVEL ITINERARIES

칸쿤 & 리비에라 마야 추천 여행 일정

1
뉴욕 & 칸쿤 5박 8일 뉴욕 2박 + 칸쿤 3박

미국 동부 최고의 관광, 쇼핑 도시 뉴욕과 멕시코 칸쿤의
올 인클루시브 리조트에서 천국 같은 휴식을 동시에 만끽할 수 있는 일정

인천　뉴욕　칸쿤 호텔 존　칸쿤　치첸이트사 투어　칸쿤　애틀랜타　인천

• DAY 1 •　인천 → 뉴욕　**뉴욕 브루클린 탐방**

뉴욕 3대 피자인 그리말디피제리아Grimaldi's Pizzeria에서 점심 식사 후 브루클린 덤보Dumbo, 윌리엄스버그Williamsburg를 산책해보자. 저녁 식사는 미슐랭 1스타 스테이크 하우스 피터 루거Peter Luger의 푸짐한 스테이크를 추천한다.

• DAY 2 •　뉴욕　**뉴욕 주요 명소 돌아보기**

오전에 센트럴 파크Central Park를 산책한 후 뉴욕 현대미술관 모마MoMA를 방문해 미술 작품을 관람한다. 첼시 마켓Chelsea Market에서 점심 식사 후 하이드라인 파크에서 석양을 감상하고 록펠러 전망대 탑 오브 더 락에서 멋진 야경을 보며 하루를 마무리한다.

• DAY 3 •　뉴욕 → 칸쿤 호텔 존　**칸쿤 호텔 존 돌아보기**

칸쿤 호텔 존의 공공 해변 플라야 델피네스Playa Delfines에서 수영을 즐기고 포토 존에서 기념사진을 남겨보자. 아르헨티나 요리 레스토랑 푸에르토 마데로Puerto Madero에서 스테이크로 저녁 식사 후 코코봉고Coco Bongo, 더 시티The City에서 화려한 쇼를 보면서 나이트 라이프를 만끽해보자.

• DAY 4 •　칸쿤　**에코 테마파크 1일 투어**

동물원과 식물원, 수족관, 마야 유적, 수영 등 다양한 액티비티와 볼거리가 있는 생태 문화 테마파크 스칼렛Xcaret, 스노클링이나 집라인 등을 하면서 편하게 휴식을 취하기 좋은 해양 자연공원 셀하Xel-Há를 선택해 1일 투어로 방문할 것을 추천한다.

• DAY 5 •　치첸이트사 투어　**치첸이트사와 세노테 여행**

치첸이트사 & 세노테 1일 투어를 통해 신세계 7대 불가사의 중 하나로 이름을 올린 마야 유적지 치첸이트사Chichen Itza와 마치 태고의 지구를 만나는 듯한 신비로운 우물 모양의 세노테 익킬Cenote Ik Kil에서 수영과 스노클링을 경험할 수 있다.

• DAY6 •　칸쿤 → 애틀랜타　**칸쿤 호텔 존 쇼핑**

일정 마지막 날은 칸쿤 호텔 존의 대표 쇼핑 스폿, 라 이슬라 쇼핑 빌리지La Isla Shopping Village에서 쇼핑, 점심 식사 후 셀렉토 체드라우이Selecto Chedraui 슈퍼마켓에서 기념품을 구매하자. 칸쿤 공항에서 출발해 애틀랜타를 거쳐 인천공항으로 귀환한다.

2

칸쿤 & 리비에라 마야 일주 6박 9일

플라야 델 카르멘 2박 + 툴룸 2박 + 칸쿤 2박

리비에라 마야의 해변에 있는 주요 도시에 머물면서 마야 유적지 탐방은 물론
카리브해에서의 완벽한 휴양을 즐기는 일정

인천   애틀랜타   칸쿤   플라야 델
카르멘   익스플로르
투어   툴룸

인천   애틀랜타   칸쿤   칸쿤 호텔
존

• DAY 1 •   인천 → 애틀랜타 → 칸쿤 → 플라야 델 카르멘

• DAY 2 •   플라야 델 카르멘 → 코수멜 섬 **다운타운과 코수멜 섬 여행**

플라야 델 카르멘 다운타운에 있는 까예 꼬라손Calle Corazon, 퀸타 알레그리아
QUINTA ALEGRIA에서 쇼핑을 한 후 레스토랑 알데아 코라손Aldea Corazon에서 멕
시칸 요리를 맛보자. 오후에는 페리를 타고 코수멜 섬Isla Cozumel으로 이동, 비치
에서 쉬거나 스노클링을 하는 것도 좋다.

• DAY 3 •   플라야 델 카르멘 → 익스플로르 투어 → 툴룸 **익스플로르 투어**

플라야 델 카르멘에서 툴룸으로 이동하기 전, 가까운 곳에 있는 자연공원 익스플로
르Xplor로 1일 투어를 떠나보자. 집라인, ATV, 수영과 카약이 주된 액티비티로 에너
지가 넘치고 활동적인 체험을 원하는 여행자에게 안성맞춤이다.

• DAY 4 •   툴룸   **코바 & 툴룸 유적 투어**

치첸이트사, 툴룸 못지않게 중요한 마야 유적지로 손꼽히는 코바Coba와 아름다운
카리브해의 바다 전망이 펼쳐지는 곳에 있어 멕시코 유적지 중에서도 3번째로 방문
객이 많은 곳인 툴룸 유적Tulum Archelogical Site을 1일 투어로 함께 돌아볼 것을
추천한다.

• DAY 5 •   툴룸 → 칸쿤 호텔 존   **칸쿤 호텔 존에서 해양 스포츠**

툴룸에서 칸쿤 호텔 존으로 이동했다면 칸쿤 해변으로 나가서 해양 스포츠를 즐겨
보는 것은 어떨까. 패들보드나 패러세일링, 카이트 서핑과 같은 다양한 해양 스포츠
가 기다리고 있다.

• DAY 6 •   칸쿤   **정글 투어 또는 이슬라 무헤레스 1일 투어**

약 3시간이 소요되는 정글 투어는 칸쿤 다운타운과 호텔 존 사이에 있는 니춥테 라
군에서 스피드 보트를 타고 바다로 나가 스노클링을 즐기는 투어다. 하루를 온전히
쓰고 싶다면 페리를 타고 이슬라 무헤레스 섬으로 이동해 섬을 한 바퀴 돌아보고 해
변에서 휴식을 취하고 돌아오는 것도 좋다.

• DAY 7 •   칸쿤 → 애틀랜타   **칸쿤 호텔 존 쇼핑**

칸쿤 호텔 존의 또 다른 쇼핑 스폿 럭셔리 애비뉴Luxury Avenue에서 쇼핑을 즐긴
후에는 호텔 존의 대표 멕시칸 전문 레스토랑 멕스트림Mextreme에서 점심 식사를
하자. 칸쿤 공항에서 출발해 애틀랜타를 거쳐 인천공항으로 귀환한다.

CANCUN HOTEL ZONE
CANCUN CENTRO
PLAYA DEL CARMEN
TULUM

CANCUN HOTEL ZONE

칸쿤 호텔 존

해변을 따라 늘어선 고급 리조트와 쇼핑 명소가 있는 최고의 휴양지

'한없이 투명에 가까운 블루'를 연상시키는 푸른 카리브해와 산호 조각으로 새하얀 백사장이 펼쳐지는 칸쿤은 세계적인 규모를 자랑하는 관광 리조트다. 칸쿤은 크게 호텔 존과 다운타운Cancun Centro으로 나뉘는데 호텔 존은 정갈하게 늘어선 야자수, 깨끗한 도로, 고급스러운 쇼핑몰, 거대한 위용을 자랑하는 화려한 리조트로 가득 차 한껏 고급스러움을 뽐낸다. 호텔 존은 7자 모양의 길고 얇은 지형의 섬으로 7의 안쪽에는 석호, 바깥쪽에는 바다가 있다. 석호와 바다가 만나는 곳마다 다리가 건축되어 섬을 육지와 연결하고 있다.

찾아가기

개별 차량 | 칸쿤 공항에서 호텔 존까지 프라이빗 트랜스퍼Private Transfer로 이동하는 것이 가장 좋은 방법으로 약 20분 소요되며 비용은 차량당 왕복 55~80USD 정도다. 프라이빗 트랜스퍼 회사 홈페이지에서 사전 예약을 하거나 올 인클루시브 리조트에 숙박한다면 트랜스퍼 서비스를 옵션으로 추가할 수 있다. 호텔 존까지 운행되는 ADO 버스는 없기 때문에 칸쿤 다운타운까지 이동해 호텔 존 버스로 환승해야 한다.

택시 | 일반 택시로 이동한다면 편도 50~60USD 정도이며 가격 협상이 필요할 수 있다.

교통편

버스 | 호텔 존에서는 버스 방향만 맞게 골라 타면 길을 잃지 않고 찾아다닐 수 있다. 버스 노선은 R-1과 R-2, R-15, R- 27이 있으며 5~10분에 1대꼴로 운행한다. R-1 노선만 24시간 운행하는데 늦은 밤이나 새벽에는 30분에 1대꼴로 운행한다. 버스 탑승 시 페소를 준비해야 거스름돈 받기가 쉽다. 탑승 시 내릴 곳을 이야기하고 타면 기사가 내릴 때 알려준다. 요금 12페소(1USD).

택시 | 관광객이 대부분인 호텔 존은 다른 지역에 비해 택시 요금이 월등히 높다. 좋은 방법은 숙박하는 호텔에 부탁해 택시를 부르고 가격을 미리 정하는 것이다. 각 호텔 로비에는 택시 요금이 적혀 있으니 미리 참고해두자.

* 2018년 9월부터 칸쿤에서 우버Uber 서비스가 합법화되었다. 호텔 존에서 출발하는 경우 우버가 일반 택시보다 훨씬 저렴하다.

칸쿤 호텔 존 여행 전에 알아두기!

√ **날씨와 방문 시기** | 9~10월은 허리케인 시즌으로 다른 시기에 비해 호텔 요금이 조금 저렴한 편이다. 관광객으로 가장 붐비는 피크 시즌은 12월 중순~3월이며, 봄 방학Spring Break이 있는 3월은 어디를 가든 떠들썩하다. 5~6월, 9~11월에 방문하면 비교적 한산한 비치와 관광지, 적당한 가격의 호텔에서 휴가를 즐길 수 있다.

√ **호텔 선정** | 칸쿤 호텔 존에서는 숙박 요금에 식사와 주류, 부대시설 이용, 팁 등이 모두 포함되어 있는 올 인클루시브 리조트에서의 숙박을 추천한다.

√ **예산** | 점심 식사는 보통 100~200페소, 가격대가 높은 레스토랑은 1인 700~1500페소 정도다. 단, 올 인클루시브 리조트에서 숙박한다면 식사 비용이 따로 들지 않는다는 장점이 있다.

√ **일정** | 올 인클루시브 리조트에서의 휴양 외에 호텔 존 내에서 다양한 해양 스포츠는 물론 클럽에서 나이트 라이프도 즐길 수 있다. 일정에 여유가 있다면 가까운 섬 이슬라 무헤레스나 에코 테마파크 스칼렛, 셀하, 익스플로르, 셀바티카를 방문해보자.

TIP 이것도 알아두자!

칸쿤 호텔 존에서 길 찾기

주소에 쓰이는 Km란? 호텔 존에서는 다운타운과 칸쿤 섬이 만나는 지점을 km0으로 표기해 다운타운으로부터의 거리를 기준으로 주소를 나타낸다. 니춥테 다리Puente Nichupté는 km4, 클럽 메드 다리Puente de Club Med는 km20, 니죽 다리Puente Nizuc는 km22 지점에 있다.

쿠쿨칸 대로Boulevard Kukulcan(Blvd Kukulcan) 칸쿤 섬의 지형은 길고 좁아서 다른 곳으로 빠지는 도로나 골목이 거의 없이 왕복 4차선 도로가 쭉 빠져 있다. 이 도로 이름이 바로 쿠쿨칸 대로로, 쿠쿨칸은 마야의 신이었던 깃털 달린 뱀이다. 우회전, 좌회전할 만한 다른 길이 없기 때문에 가야 할 곳을 지나치면 다시 되돌아와야 하고, 출퇴근 시간이나 저녁 시간의 코코봉고 클럽 근처는 교통 체증이 제법 있는 편이다. 길에 갇혀 있고 싶지 않다면 오후 6시경엔 다운타운 방향으로 이동하지 않는 것이 좋다.

Travel Highlight

크리스토 레수시타도 성당

| 성당 | **Parroquia de Cristo Resucitado**

호텔 존과 가까운 곳에 있는 크리스토 레수시타도 성당은 높은 천장과 4면이 뚫려 있어 마치 야외 공간에 있는 듯한 느낌을 주는 곳으로 시끌벅적한 도시 소음으로부터 잠시 벗어나 조용하고 평온한 휴식을 즐기기 좋다.

📍 토레 에스세니카 전망대에서 도보 6분, 페리 터미널 엠바르카데로El Embarcadero 맞은편

🏠 Blvd Kukulcan Km 3.5 Zona Hotelera

🕐 06:00-24:00

토레 에스세니카 전망대

| 전망대 | **Torre Escenica Xcaret**

칸쿤과 리비에라 마야를 통틀어 가장 높은 건축물로, 사방이 유리로 되어 있는 원형 전망대가 빙빙 돌면서 약 80m 높이까지 올라간다. 가만히 앉아서 호텔 존과 이슬라 무헤레스, 니춥테Nichupteé 석호, 카리브해 먼 바다까지 360도 파노라마로 감상할 수 있다. 전망대 안은 에어컨이 항상 작동되기 때문에 추위를 많이 타는 사람이라면 얇은 겉옷을 하나 챙겨가는 것이 좋다. 언제 가도 아름다운 전경을 볼 수 있지만 일몰 시간이 특히 아름답다.

📍 페리 터미널El Embarcadero 바로 옆

🏠 Blvd Kukulcan Km 4.5, Terminal Playa Linda Hotel Zone

🕓 09:00-21:00, 꼭대기까지 15분 소요

💲 성인 15USD, Xel-Há, Xenses, Xplor, Xcaret, Xenotes, Xoximilco 입장 손목 밴드 착용 시 무료

칸쿤 마야 박물관

| 박물관 | **Museo Maya de Cancun**

칸쿤과 리비에라 지역의 고고학적 유물을 볼 수 있는 전시장과 마야 문화 전반에 대해 다루고 있는 전시장을 상설 운영한다. 마야인의 삶과 문화, 사회를 엿볼 수 있는 장신구, 도자기, 조각품 등의 유물과 함께 스페인 정복기와 그 이후 카스트 전쟁 시기까지의 유물까지 400점 이상 전시되어 있다. 자료 설명이 주로 스페인 어로만 되어 있어 외국인 입장에서 전시를 이해하기 어려운 점이 아쉽다. 박물관 입장권으로 같이 있는 마야 유적지 산 미겔리또San Miguelito에도 입장할 수 있다.

📍 라 이슬라 쇼핑 빌리지에서 차로 6분

🏠 Blvd Kukulcan Km 16.5, Esq. Gucumatz

🕓 09:00-18:00, 월요일 휴무

💲 70페소

Shopping

Spa

푸에르토 칸쿤 마리나 타운 센터

| 복합 상업 시설 | **Puerto Cancun Marina Town Center**

2017년 5월에 문을 연 칸쿤에서 가장 큰 복합 상업 시설로 120개가 넘는 숍과 스타벅스와 같은 카페, 레스토랑이 입점해 있다. 3층에 있는 푸드 코트에서는 황홀한 바다 풍경이 펼쳐진다. 호텔 존에서 갈 때는 다운타운행 버스를 이용하면 된다. 길을 건너는 횡단보도가 없어 반대편에서 돌아오는 버스를 타기 힘드니 돌아올 때는 택시를 이용하도록 하자. 차량 이동 시 쇼핑몰 유료 주차장을 이용할 수 있다.

- 📍 토레 에스세니카 전망대에서 차로 7분
- 🏠 Blvd Kukulcan Km 1.5 Zona Hotelera
- 🕐 10:00~24:00(상점마다 다름)

에우로페아

| 주류 | **La Europea**

합리적인 가격으로 테킬라, 메스칼과 같은 멕시코 술과 와인, 위스키, 맥주 등을 구입할 수 있는 주류 전문점. 호텔 존뿐만 아니라 시내 곳곳에 지점이 있다. 술의 종류가 많아 고르기 어려울 때는 매장 내 직원에게 도움을 청하면 좋은 술을 추천해준다.

- 📍 라 이슬라 쇼핑 빌리지와 럭셔리 애비뉴 중간 지점
- 🏠 Blvd Kukulcan Km 12.5 Mz. 52 Lote. 18 LOC. 13 Col. Zona Hotelera
- 🕐 월~토요일 10:00~21:00, 일요일 11:00~19:00

플라자 라 피에스타 | 기념품 | **Plaza La Fiesta**

흥정과 호객 행위가 없는 정액제 기념품 숍으로 칸쿤과 플라야 델 카르멘 곳곳에서 찾아볼 수 있다. 호텔 존에는 메르카도 코랄 니그로Mercado Coral Negro 앞에 있는 매장이 가장 찾기 쉽다. 장신구, 가죽 제품, 은 제품부터 옷, 열쇠고리, 주류, 주방 용품, 수공예품 등 다양한 기념품이 구비되어 있다.

📍 셀렉토 체드라우이에서 도보 1분, 길 건너에 위치
🏠 Blvd Kukulcan Km 9 s/n Frente al Centro de Convenciones Zona Hotelera
🕐 07:00-23:30

메르카도 코랄 니그로 | 시장 | **Mercado Coral Negro**

코코봉고 바로 앞에 있는 대형 기념품 시장. 다운타운에 있는 메르카도 베인티오초Mercado 28와 비슷한 콘셉트로 각종 기념품과 함께 피어싱이나 타투 서비스도 판매하는데 호텔 존에 있다보니 가격이 조금 더 높은 편이다.

📍 코코봉고 길 건너편
🏠 Blvd Kukulcan Km 9 Zona Hotelera
🕐 24시간

라 이슬라 쇼핑 빌리지 | 복합 쇼핑몰 | **La Isla Shopping Village**

니춥테 석호를 한쪽에 낀 운치 있는 야외 쇼핑 단지로 호텔 존에서 관광객이 가장 많이 찾는 쇼핑몰이다. 베네치아에서 영감을 받아 만들어진 수로가 조성되어 있다. 명품관, 관광 기념품 숍, 면세점 등을 포함한 다양한 상점과 레스토랑, 아쿠아리움과 영화관 등을 모두 갖춘 복합 쇼핑 공간이다. 환전소도 있으니 미처 페소를 준비하지 못한 경우 이곳에서 환전하자. 주차장은 유료로 이용할 수 있다.

📍 셀렉토 체드라우이에서 차로 5분 🏠 Blvd Kukulcan Km 12.5 No 262 Zona Hotelera 🕐 10:00-22:00

셀렉토 체드라우이

| 식료품 | Selecto Chedraui

호텔 존 코코봉고 근처에서 멀지 않다. 3층 건물로 1층은 주차장, 2층은 가공 음식/음료/화장품/기념품 코너, 3층은 주류/빵/치즈/과일/해산물/육류 코너와 함께 작은 푸드 코트가 있어 간단히 한 끼 해결도 가능하다. 3층 에스컬레이터를 올라가자마자 있는 주류 코너에서는 직원이 상시 대기하면서 테킬라 및 양주를 추천해준다. 주류는 기념품 숍보다 슈퍼에서 구매하는 것이 훨씬 더 저렴하다.

📍 호텔 하얏트 지바 칸쿤, 코코봉고에서 도보 8분
🏠 Blvd Kukulcan mz. 48, LT. ZC1-F1 Y 6A, Punta Cancun, Zona Hotelera　　🕐 07:00-23:00

럭셔리 애비뉴

| 쇼핑몰 | Luxury Avenue

카르티에, 불가리, 스와로브스키, 버버리, 펜디, 몽블랑, 알마니, 페레가모 등의 명품 매장이 모여 있는 럭셔리 애비뉴는 2층의 쿠쿨칸 플라자Kukulcan Plaza 건물 내에 있다. 라 이슬라 쇼핑 빌리지에 비해서는 조금 한적한 편이고 모두 실내에 있어 더운 날에는 쉬어 가기에도 제격이다. 쿠쿨칸 플라자 내에는 박물관처럼 꾸며놓은 테킬라 전문 숍 테킬라 뮤지엄Tequila Museum, 인기 스테이크 레스토랑인 루스 크리스 스테이크 하우스Ruth's Chris Steak House도 입점해 있다. 럭셔리 애비뉴 2층에서 세금 환급을 할 수 있으며 주차장 이용은 유료다.

📍 라 이슬라 쇼핑 빌리지에서 차로 2분, 도보 15분
🏠 Blvd Kukulcan Km 13 Zona Hotelera
☎ +52 998 848 7300
🕐 10:00-22:00

Restaurant & Bar

티코스 | 샌드위치 | Ty-coz Express

셀렉토 체드라우이 슈퍼마켓 바로 앞에 있는 샌드위치 전문 체인점 티코스는 '싸다', '빠르다', '맛있다'의 3박자를 두루 갖춘 곳이다. 따끈따끈한 바게트 또는 크루아상에 버터를 바르고 햄과 살라미, 치즈를 끼운 심플한 샌드위치 에코노미카Economica(18페소)를 추천한다. 샌드위치는 크기도 커서 꽤 든든한 한 끼 식사가 된다.

📍 셀렉토 체드라우이에서 도보 1분
🏠 Km 8.5 MZA 48 LTE 1 Local 3, Plaza El Parian, Benito Juárez, Zona Hotelera
☎ +52 998 883 5394
🕐 06:00-21:00

하나이치 | 일식 | Hanaichi

15년의 긴 역사를 자랑하는 일본인이 운영하는 일식 레스토랑으로 생선회, 스시, 롤을 비롯해 두부, 미소 장국, 회덮밥, 우동 등 다양한 일식 요리를 제공한다. 호텔 존에 있어 호텔 존 숙박객에게 접근성이 좋은 편이나 다운타운의 일식 레스토랑들보다는 가격이 조금 더 비싼 편이다.

📍 셀렉토 체드라우이에서 도보 1분
🏠 Blvd Kukulcan Km 9, Mza 48, Lote 1, Local 1, Zona Hotelera
☎ +52 998 883 2804
🕐 13:00-23:00

피쉬 프리탄가 | 해산물, 멕시칸 | El Fish Fritanga

지상 층에서는 빠르고 저렴한 식사 종류인 부리또, 타코, 토스타다스Tostadas(튀긴 토르티야에 채소, 고기 등을 곁들여 먹는 음식)를 판매하고 한 층 아래로 내려가면 라군이 보이는 하얀 모래사장 위 야외 테이블에서 세비체나 생선 스테이크, 칵테일을 분위기 있게 맛볼 수 있다. 타코 74~110페소, 토르타다스 75~155페소.

📍 라 이슬라 쇼핑 빌리지에서 도보 8분
🏠 Blvd Kukulcan Km 12.5 Zona Hotelera
☎ +52 998 840 6216
🕐 11:00-23:00

푸에르토 마데로 | 스테이크 | Puerto Madero

가격대가 다소 높지만 서비스가 훌륭한 아르헨티나 요리 레스토랑. 창 너머로 보이는 석호의 아름다운 전망을 감상하며 바닷가재, 농어, 문어 등의 신선한 해산물과 엄선된 품질의 스테이크, 파스타, 와인 등을 맛볼 수 있다.

📍 라 이슬라 쇼핑 빌리지에서 차로 3분
🏠 Blvd Kukulcan Km 14.1 Zona Hotelera
☎ +52 998 885 2829
🕐 13:00-01:00

부바검프 슈림프 | 해산물 | Bubba Gump Shrimp Co.

전 세계적으로 체인을 운영하는 해산물 전문 레스토랑 부바검프 슈림프는 익숙한 맛과 분위기를 찾는 여행객에게 좋은 선택지다. 새우튀김이나 그릴 요리, 양념에 찐 새우 요리 등 새우와 해산물을 이용한 다양한 메뉴와 칵테일, 맥주가 구비되어 있다. 석호 바로 앞에 있어 탁 트인 전망을 즐길 수 있다는 점도 매력적이다.

📍 라 이슬라 쇼핑 빌리지에서 차로 4분
🏠 Flamingo Mall, Blvd Kukulcan Km 11.5 Zona Hotelera
☎ +52 998 885 3115
🕐 10:00-24:00

로렌시요스 | 해산물 | Lorenzillo's

바닷가재 전문 레스토랑 로렌시요스는 칸쿤 호텔 존에서도 비교적 역사가 오래된 곳으로 손꼽힌다. 석호 위에 떠 있는 레스토랑 내부는 마치 커다란 배 속에 들어와 있는 느낌으로 꾸며져 있다. 야외 테라스석에서는 멋진 석양과 다운타운의 스카이라인 전경이 한눈에 들어오며 석호에 살고 있는 악어도 종종 볼 수 있다. 바닷가재를 이용한 메뉴는 꼭 맛보는 것을 추천한다.

📍 라 이슬라 쇼핑 빌리지에서 차로 4분 🏠 Blvd Kukulcan Km 10.5 Zona Hotelera
☎ +52 998 883 1254 🕐 13:00~24:30

더 서핑 부리또

| 멕시칸 | The Surfin Burrito

대형 리조트가 가득한 호텔 존 내에 있는 유일한 호스텔 나투라Hostel Natura 바로 옆에 위치한 텍스멕스식 부리또 가게로 언제 가도 외국인 손님들로 북적거린다. 부리또가 준비되기까지 상당한 시간이 걸린다는 단점이 있으나 맛은 기대 이상으로 훌륭하다.

📍 셀렉토 체드라우이에서 도보 10분
🏠 Blvd Kukulcan Km 9.5 Zona Hotelera
☎ +52 998 883 0083
🕐 24시간

Nightlife

코코봉고 | 나이트클럽 | Coco Bongo

칸쿤 호텔 존 한가운데 자리한 코코봉고는 명실상부 칸쿤 최고의 클럽이자 관광지다. 영화 '마스크'에서 이름을 따왔기 때문에 마스크의 등장인물 분장을 한 배우들이 쇼에도 등장하고 클럽 내를 돌아다닌다. 코코봉고가 자랑하는 상상 이상의 볼거리가 펼쳐지는 화려한 쇼는 칸쿤에서의 잊지 못할 밤을 선사할 것이다. 오픈 바가 포함된 일반 티켓 75USD.

- 📍 메르카도 코랄 니그로 맞은편
- 🏠 Blvd Kukulcan Km 9.5 Zona Hotelera
- 🕐 22:30-03:30

더 시티 | 나이트클럽 | The City

3층에 걸쳐 9개 바가 있는 칸쿤과 라틴 아메리카를 통틀어 가장 규모가 큰 클럽에서는 전 세계 유명 DJ와 비정기적으로 스눕독Snoop Dog, 50센트50Cent, 에이콘Akon, 플로 리다Flo Rida 등 유명 아티스트의 공연을 볼 수 있다. 최고의 사운드와 조명 시스템은 파티의 열기를 고조시키는 데 톡톡한 역할을 한다. 금요일에만 문을 열며 입장료와 오픈 바가 포함된 티켓이 1인 65USD.

- 📍 코코봉고 바로 옆
- 🏠 Blvd Kukulcan Km 9.5 Zona Hotelera
- 🕐 금요일에만 22:00-04:00

푸에르토 후아레스
Puerto Juarez

엘 키오스코 베르데
El Kiosko Verde

이슬라 무헤레스
Isla Mujeres

푸에르토 칸쿤 마리나 타운 센터
Puerto Cancún Marina Town Center

칸쿤 다운타운
Cancun Centro

졸리 로저
Jolly Roger

캡틴 후크
Captain Hook

엠바르카데로 Embarcadero

크리스토 레수시타도 성당
Parroquia de Cristo Resucitado

토레 에스세니카 엑스카렛 전망대
Torre Escenica Xcaret

플라야 토르투가스
Playa Tortugas

호텔 칼립소
Hotel Calypso

플라야 카라콜
Playa Caracol

하나이치
Hanaichi

셀렉토 체드라우이 Select Chedraui

티코스
Ty-coz Expres

플라자 라 피에스타 Plaza La Fiesta

멕스트림 Mextreme

하얏트 지바 칸
Hyatt Ziva Ca

메르카도 코랄 니그로 Mercado Coral Negro

더 시티
The City

르 블랑 스파 리조트
Le Blanc Spa Resort

코코봉고
Coco Bong

로렌시요스 Lorenzillo's

더 서핑 부리또
The Surfin Burri

하얏트 지라라 칸쿤 Hyatt Zilara Cancun

부바검프 슈림프 Bubba Gump Shrimp Co.

진가라 Zingara

아 카카오 Ah Cacao

라 이슬라 쇼핑 빌리지
La Isla Shopping Village

에우로페아 La Europea

피쉬 프리탄가 El Fish Fritanga

플라야 마를린
Playa Marlin

쿠쿨칸 플라자 Kukulcan Plaza

푸에르토 마데로
Puerto Madero

럭셔리 애비뉴 Luxury Avenue

테킬라 뮤지엄 Tequila Museum

시크릿 더 바인 Secrets The Vine

와얀 내추럴 웨어 Wayan Natural Wear

하드락 호텔 칸쿤 Hard Rock Hotel Cancun

JW 메리어트 칸쿤 리조트 & 스파 JW Marriott Cancun Resort & Spa

호텔 파라디수스 Hotel Paradisus

칸쿤 마야 박물관
Museo Maya de Cancún

플라야 델피네스
Playa Delfines

엘 레이
El Rey

칸쿤 국제공항
Cancun International Airport

니죽 리조트
Nizuc Resort

칸쿤 호텔 존
Cancun Hotel Zon

문 팰리스 골프 & 스파 리조트
Moon Palace Golf & Spa Resort

칸쿤 호텔 존의 대표 공용 해변

멕시코의 모든 해변은 연방 소유로 원칙적으로는 공용 해변이지만, 대형 호텔들이 해변 입구를 막아놓아 현지인이나 호텔에 머물지 않는 여행객은 공용 비치를 찾아가야만 바다에 접근할 수 있다. 약 22km에 이르는 칸쿤 호텔 존에도 위치에 따라 형태와 색깔, 성격이 다양한 공용 해변이 존재한다.

TIP 이것도 알아두자!

1 공용 해변 입구에는 대개 작은 무료 주차장이 마련되어 있지만 주말이나 여름 방학 기간에는 일찍 가지 않으면 주차할 곳을 찾기가 쉽지 않으니 주의.

2 나이트클럽 코코봉고가 있는 곳을 기준으로 칸쿤 다운타운 쪽에 가까운 북쪽 해변은 물결이 잔잔하고 공항 쪽에 가까운 동쪽 해변은 파도가 높다. 물 색깔은 보통 남쪽(공항 쪽)으로 갈수록 더 푸른 에메랄드빛을 띤다.

3 해변가마다 비치된 안전도를 의미하는(노란색은 안전, 녹색은 보통, 빨간색은 위험) 깃발을 확인하고 이곳 바다에 익숙한 안전 요원의 지시를 잘 따르도록 하자.

TIP 이것도 알아두자!

칸쿤 바닷가의 모래는 왜 하얀색일까?

카리브해에 많이 서식하는 화려한 모습의 어종 비늘돔은 산호초 사이의 해초를 먹고 사는데, 뾰족한 주둥이로 산호를 먹거나 깨뜨리고 부수면서 하얀 모래를 만들어낸다. 비늘돔 한 마리가 만들어내는 모래가 연간 900kg에 이른다. 오늘날 우리가 새하얀 모래사장에서 에메랄드빛 바다를 즐길 수 있는 것은 모두 산호초와 비늘돔 덕분이다.

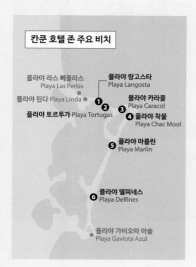

칸쿤 호텔 존 주요 비치

플라야 라스 뻬를라스
Playa Las Perlas
플라야 린다 Playa Linda
플라야 토르투가 Playa Tortugas
플라야 랑고스타
Playa Langosta
플라야 카라콜
Playa Caracol
플라야 착물
Playa Chac Mool
플라야 마를린
Playa Marlin
플라야 델피네스
Playa Delfines
플라야 가비오따 아술
Playa Gaviota Azul

❶ **플라야 랑고스타**Playa Langosta KM 5 카사 마야 호텔Casa Maya Hotel 근처에 있는 비치로 물결이 잔잔해 어린이와 수영 초보자들에게 적합하다. 단, 해변에 그늘이 전혀 없다는 것이 큰 단점이다. 이슬라 무헤레스로 가는 페리가 출발하는 선착장 중 하나이기도 하다.

❷ **플라야 토르투가스**Playa Tortugas KM 5.5 수심이 비교적 깊은 편이나 어린이를 위한 얕은 수심 지역도 충분히 있다. 깊은 에메랄드빛을 자랑하는 이곳엔 식당과 바가 있어 해변가에서 맥주 한잔 하면서 쉬어가기에 좋다. 주말엔 휴식을 취하러 온 현지인들로 북적거리니 방문한다면 평일에 가보자.

❸ **플라야 카라콜**Playa Caracol KM 9 맑고 파란 바다 색이 아름다운 비치로 물결도 잔잔한 편이다. 근처에서 각종 수상 스포츠 상품을 대여할 수 있다.

❹ **플라야 착물**Playa Chac Mool KM 10 파도타기에 좋은 깊은 에메랄드빛 바다. 공용 주차장이 없고 여행객들로 붐빈다. 근처에 식당, 바, 기념품 가게 등이 많아서 편의 시설 접근이 용이하다.

❺ **플라야 마를린**Playa Marlin KM 13 쇼핑몰 플라자 쿠쿨칸 뒤편에 있는 공공 해변으로 깊고 푸른 바다 색이 아름답다. 비치 체어와 파라솔은 유료로 대여할 수 있다. 파도가 거칠어 바다 수영에 익숙한 사람들에게 추천한다.

❻ **플라야 델피네스**Playa Delfines KM 18 칸쿤에서 가장 크고 유명한 공공 해변으로 주변에 호텔이 없어 탁 트여 있다. CANCUN이라고 쓰인 조형물은 인기 포토 스팟이다. 샤워 시설, 화장실이 구비되어 있고 무료 파라솔이 지천으로 깔려 있어 많은 방문자를 반긴다.

All Inclusive | Adults Only

하얏트 지라라 칸쿤 Hyatt Zilara Cancun

카리브해가 보이는 해변을 따라 일자형으로 지어진 리조트로 307개의 전 객실 모두 오션 뷰다. 널찍한 로비에서는 각종 공연이 펼쳐지며 화요일에는 인피니티 풀에서 거품 파티Foam Party도 열린다. 한국인 컨시어지를 비롯해 각종 한글 안내문이 있어 영어에 대한 부담을 덜 수 있는 점도 좋다. 멕시칸 요리 레스토랑 마리아 마리에Maria Marie가 가장 인기이며 100% 예약제로 운영하는 셰프스 플레이트Chef's Plate는 프리미엄 객실 투숙객만 이용할 수 있으니 참고하자.

🏠 Blvd Kukulcan Km 11.5 HZ Zona Hotelera   ☎ +52 998 881 5600
@ cancun.zilara.hyatt.com $ 2인 기준 주니어 스위트 더블 $412~(세금 포함)
⛱ 스파, 피트니스 센터, 레스토랑(6개), 바(5개), 기념품점, 24시간 룸서비스, 카바나, 비치 베드, 여행사, 각종 액티비티(해양 스포츠, 쿠킹 클래스, 필라테스, 카르디오 댄스 등)

르 블랑 스파 리조트 Le Blanc Spa Resort

오픈 이래 항상 상위권에 오르는 팰리스 그룹의 리조트로 숙박 일수에 따라 VM(Vacation Money)을 지급하며 액티비티, 스파, 레스토랑 등에서 사용할 수 있다. 4박 이상 숙박할 경우 비치 웨딩 서비스가 제공되니 허니무너는 고려해도 좋을 듯하다. 모든 객실에는 자쿠지가 있으며 미리 요청하면 취향에 맞는 솔트와 아로마로 준비해준다. 늦게 체크아웃할 경우 호스피탈리티 룸을 신청하면 30분~1시간 정도 머물 수 있고 한국인 직원이 있어 더 편리하다.

🏠 Blvd Kukulcan Km 10 Zona Hotelera
☎ +52 998 881 4740
@ www.leblancsparesort.com
$ 2인 기준 로열 디럭스 리조트 뷰 692USD~(세금 포함)
⛱ 스파, 뷰티 살롱, 24시간 룸서비스, 바(6개), 레스토랑(4개), 인피니티 풀, 야외 자쿠지, 비즈니스 센터, 테라스, 피트니스 센터, 각종 액티비티 및 익스커션

시크릿 더 바인 Secrets The Vine

Sparkling. Elegant. Bold. 세 단어로 집약되는 올 인클루시브 리조트로 허니문에 제격이다. 28층 높이로 탁 트인 카리브해와 니춥테Nichupté 석호 풍경이 파노라마처럼 펼쳐진다. 객실은 크게 일반과 프리퍼드Preferred로 나뉘며 21층부터 시작되는 프리퍼드 객실은 전용 라운지와 수영장이 있어 좀 더 한적하게 즐길 수 있다. 지중해, 이탈리언, 아시안, 그릴, 해산물 요리를 선보이는 레스토랑과 5개의 바가 있으며 24시간 제공되는 룸서비스 덕분에 출출할 틈도 없다.

🏠 Blvd Kukulcan Km 14.5 Retorno del Rey, Lot 38+38-b Zona Hotelera

☎ +52 998 848 9400

@ www.secretsresorts.com/en_us/resorts/mexico/vine-cancun.html

$ 2인 기준 디럭스 오션 뷰 572USD~(세금 포함)

🏖 인피니티 풀(3개), 프리퍼드 객실 전용 풀, 스파, 탁구대, 요가 클래스, 칵테일 클래스, 해양 스포츠(스노클링, 풀 발리볼, 워터 에어로빅, 스쿠버 다이빙, 심해 낚시), 플라야 무혜레스 골프 코스(그린피 무료), 피트니스 센터, 카페, 바 5개, 레스토랑 7개

하드락 호텔 칸쿤 Hard Rock Hotel Cancun

올 인클루시브 리조트로 체크인할 때 채워주는 손목 밴드만 보여주면 걱정 없이 모든 것을 누릴 수 있는데, 레스토랑 중 아시안 퀴진을 선보이는 젠ZEN의 철판 요리가 가장 인기이니 도착하자마자 예약하자. 숙박 일수에 따라 VM(Vacation Money)도 제공하는데 각종 액티비티는 물론 마사지, 로맨틱 디너, 투어 등을 이용할 수 있다. 단, 사용 금액의 20%는 직접 결제해야 한다. 요일별로 프로그램이 꽉 차 있으며 수요일 오후 메인 풀에서 열리는 거품 파티는 흥겨움을 더한다.

📍 Blvd. Kukulcan Km 14.5 Zona Hotelera   ☎ +52 998 881 3600

@ www.hrhcancun.com $ 2인 기준 디럭스 골드 퓨어 470USD~(세금 포함)

🏖 클럽, 바(5개), 레스토랑(6개), 풀, 키즈 풀, 키즈 클럽, 스파, 극장, 피트니스 센터, 테니스 코트, 농구 코트, 탁구대, 당구대, 라이브러리, 락 숍, 리테일 숍, 뷰티 살롱, 뮤직 랩, 미팅 & 이벤트 시설

하얏트 지바 칸쿤 Hyatt Ziva Cancun

3면이 바다로 둘러싸여 있어 나무랄 데 없는 전망을 자랑하는 리조트로 바다와 맞닿은 두 곳은 리조트 전용 해변이고 다른 한 면은 파도가 몰아치는 바위 지대다. 숙소 건물은 크게 피라미드 타워, 클럽 타워, 프리미엄 타워로 나뉘는데 클럽과 프리미엄 타워 투숙객만을 위한 성인 전용 수영장이 따로 있으며 좀 더 세심한 서비스와 혜택을 누릴 수 있다. 이곳의 가장 특별한 점은 돌고래 풀장이 있어 돌고래 만지기, 함께 수영하기 등 특별한 체험을 해볼 수 있다는 것이다.

📍 Blvd Kukulcan Manzana 51, Lote. 7
☎ +52 998 848 7000
@ cancun.ziva.hyatt.com
$ 2인 기준 킹 베드 476USD~(세금 포함)
🌴 스파, 뷰티 살롱, 피트니스 센터, 돌고래장, 인피니티 풀, 키즈 풀, 레스토랑 & 카페(9개), 바(7개), 스페인어 강습, 댄스 강습, 테니스 클리닉, 미팅 & 이벤트, 웨딩

문 팰리스 골프 & 스파 리조트
Moon Palace Golf & Spa Resort

문 팰리스는 그랜드Grand, 선라이즈Sunrise, 니죽Nizuc, 3개의 섹션에 걸쳐 3000개가 넘는 객실, 약 20개의 수영장, 35여 개의 바와 레스토랑 등을 갖춘 매머드급 리조트다. 부지가 워낙 넓어 카트, 셔틀, 자전거 등을 이용해야 하며 VM도 제공한다. 잭 니클라우스가 설계한 27홀의 골프 코스와 밤 10시까지 운영되는 4~11세를 위한 플레이 룸이 이곳의 인기 비결이다.

📍 Carretera Cancun-Chetumal Km 36.5   ☎ +52 998 881 6000
@ www.moonpalace.com/thegrand $ 2인 기준 그랜드 디럭스 리조트 뷰 362USD~(세금 포함)
🌴 스파 센터, 골프 코스, 레스토랑(20개), 바(17개), 뷰티 살롱, 기념품점, 미팅 & 웨딩, 수영장, 월풀, 피트니스 센터, 키즈 클럽, 요가 & 필라테스, 명상 가든, 테니스 코트, 농구 코트, 볼링장, 나이트클럽, 야외 공연장

니죽 리조트 Nizuc Resort

과감하게 올 인클루시브를 버리고 한 차원 높은 서비스로 고객의 마음을 사로잡은 럭셔리 리조트다. 칸쿤 공항에서 차로 15분 거리의 맹그로브 숲에 둘러싸인 부지 위에 멕시코 전통 요소가 녹아든 모던한 스위트가 들어서 있다. 미각을 깨우는 레스토랑, 카리브해와 맞닿은 인피니티 풀, 분위기를 돋우는 라이브 음악, 니죽만의 시그니처를 담아낸 마가리타와 칵테일 등 A부터 Z까지, 최고의 감동을 선사한다.

📍 Blvd Kukulcan Mz 59 Lote 1-03 Km 21.26, Punta Nizuc
☎ +52 998 891 5700   @ www.nizuc.com
$ 2인 기준 가든 뷰 더블룸 563USD~(세금 포함, 조식 불포함)
🌿 스파, 피트니스 시설, 키즈 클럽, 바 & 라운지, 레스토랑(6개), 프라이빗 디너, 액티비티(스노클링, 패들보드, 카약, 요트, 자약 등), 라이브 밴드 공연, 요가 클래스, 메인 풀, 성인 전용 풀, 전용 해변, 테니스 코트, 미팅 & 웨딩

JW 메리어트 칸쿤 리조트 & 스파
JW Marriott Cancun Resort & Spa

칸쿤에서 가장 큰 규모의 스파 시설을 보유한 리조트로 호텔 존 중간에 있다. 클럽Club 객실을 예약할 경우 조식, 간단한 중식, 애프터눈 티와 저녁에 와인, 맥주, 칵테일 등을 제공하는 전용 라운지를 이용할 수 있다. 올 인클루시브는 아니지만 리조트 내에 9개 레스토랑이 있고 도보 거리에 맛있는 푸에르토 마데로Puerto Madero와 해리스 스테이크하우스 & 로 바Harry's Steakhouse & Raw Bar 등이 있어 선택의 폭이 넓다. 합리적인 가격의 5성급 리조트를 찾는다면 후보에 올려보자.

📍 Blvd Kukulcan Km 14.5 Lote 40-A, Zona Hotelera
☎ +52 998 848 9600
@ www.marriott.com/hotels/travel/cunjw-jw-marriott-cancun-resort-and-spa
$ 2인 기준 오션 뷰 킹 베드 룸 488USD~(조식, 세금 포함)
🌿 스파, 피트니스 센터, 실내 스파 풀 (18세 이상), 풀(3개), 월풀, 미팅 & 웨딩, 24시간 룸서비스, 레스토랑(9개), 스쿠버 다이빙 강습

CANCUN CENTRO

칸쿤 현지인의 삶을 엿보고 싶다면!

1년에도 몇 만 명씩 밀려드는 거주자와 나날이 늘어가는 관광객 수요에 계속해서 북으로 남으로 서쪽으로 성장하며 규모가 확장되고 있는
도시, 칸쿤. 관광할 만한 곳은 호텔 존에서 가까운 다운타운 근처에 몰려 있기 때문에 보통 칸쿤을 짧게 다녀가는 여행자라면 호텔 존과 몇몇
의 파크나 유적지에 다녀오는 걸로 칸쿤 여행을 마무리할 것이다. 칸쿤에서 시간 여유가 있고 칸쿤 현지인이 어떻게 사는지 엿보고 싶다면
저렴하면서도 맛있는 레스토랑과 전통 시장이 있는 다운타운을 한번 둘러보자.

TIP 이것도 알아두자!

다운타운의 치안

멕시코 칸쿤에서는 관광객을 대상으로 하는 범죄는 거의 없지만 그래도 조심해서 나쁠 건 없다. 특히 다운타운 지역을 지나다닐 때는 더욱 조심해야 한다. 길에서는 가능한 한 휴대폰 사용을 자제하고 은행 ATM을 사용할 때는 주위를 잘 살피고, 공공 장소에서 큰돈을 꺼내 세지 않도록 한다. 소지품을 잘 챙기고 차를 렌트한 경우 차량 안의 보이는 곳에 가방이나 귀중품을 두지 않도록 하자. 또한 밤에 혼자 돌아다니지 말 것!

찾아가기

ADO 버스 | 칸쿤 공항에서 다운타운까지 빠르고 저렴하게 이동할 수 있는 방법은 ADO 버스를 이용하는 것이다. 공항부터 다운타운 아데오 버스 터미널ADO Bus Station까지는 약 25분 소요되며 편도 86페소다.

교통편

시내버스 | 칸쿤 다운타운을 돌아볼 때는 24시간 운행하는 다운타운-호텔 존 간 시내 순환 버스 R-1, R-2를 이용하면 웬만한 곳은 다 이동할 수 있다. R-1은 다운타운과 월마트, 칸쿤 ADO 버스 터미널 등에 정차하며 R-2는 월마트와 메르카도 베인티오초Mercado 28, R-27은 플라자 라스 아메리카스에 정차한다. 버스 정면 창에 행선지가 적혀 있으니 확인하고 기사에게도 본인이 가고자 하는 행선지에 서는지 물어보고 탑승하자. 버스는 1회 탑승당 8.5페소이며(호텔 존 출도착은 12페소, 1USD) 멕시코 페소로 준비해야 한다. 거스름돈을 주지 않으니 주의하자.

Travel Highlight

라스 팔라파스 공원

| 공원 | **Parque de Las Palapas**

라스 팔라파스 공원은 호텔 주변에 호스텔과 저렴한 식당이 많아서 배낭 여행객도 즐겨 방문하는 장소로 광장 한쪽엔 다양한 멕시코 음식을 저렴한 가격에 판매하는 푸드 코트도 자리 잡고 있다. 중앙의 커다란 무대에서는 주말이나 공휴일이 되면 춤, 노래 공연을 비롯한 이벤트와 행사가 열린다. 낮 동안 한적한 이 공원은 저녁이 되면 공원을 둘러싼 스낵 노점과 함께 붐비기 시작한다.

📍 다운타운 ADO 버스 터미널에서 도보 5분
🏠 10 Margaritas, 22

TIP 이것도 알아두자!

길거리 간식 맛보기

라스 팔라파스 공원의 노점상에서는 마르케시타Marquesita를 비롯해 옥수수 알맹이, 마요네즈, 레몬, 소금, 고춧가루, 버터 등을 버무린 에스키테Esquite, 추로스, 감자튀김, 타말Tamal, 케이크와 푸딩, 전통 방식으로 만든 아이스크림, 과일 음료 등 다양한 길거리 간식을 판매한다.

마르케시타Marquesita 유카탄 반도 지역에만 있는 간식 마르케시타에 도전해보자. 바삭바삭한 크레이프에 누텔라, 치즈, 잼, 연유, 땅콩 크림 등 원하는 토핑을 안에 넣어준다. 현지인들은 에담 치즈Queso de Bola를 주로 넣어 먹는데 새로운 시도가 싫다면 누텔라를 추천한다.

이글레시아 데 크리스토 레이 | 성당 | Iglesia de Cristo Rey

라스 팔라파스 공원 근처에는 하얀색 외관이 눈에 띄는 자그마한 천주교 성당이 있다. 자유롭게 출입할 수 있으니 공원에 왔을 때 잠시 들러 구경하고 가자. 일요일이면 미사를 보러 온 현지인들로 늘 붐빈다.

📍 라스 팔라파스 공원에서 도보 1분
🏠 Margaritas, 15 Esquina Tulipanes Sm, 22

소치밀코 | 디너 크루즈 | Xoximilco

멕시코의 베네치아라고도 불리는 멕시코시티 남동쪽에 있는 운하 도시 소치밀코를 그대로 재현한 테마파크로 칸쿤 다운타운에서는 차로 약 30분 거리에 있다. 20명 정도 탑승할 수 있는 곤돌라 트라히네라스Trajineras 위에서 마리아치의 연주와 멕시코 전통 음악 공연, 멕시코 코스 요리와 테킬라를 무제한으로 맛보는 흥겨운 선상 파티가 열린다. 가격은 상당히 높지만 다른 곳에서는 좀처럼 할 수 없는 색다른 경험이다. 스칼렛 호텔Xcaret Hotel 숙박 패키지나 테마파크 스칼렛Xcaret, 셀하Xel-Há 등과 묶여 있는 패키지 상품도 있다.

📍 칸쿤 국제공항에서 차로 5분, 칸쿤 다운타운에서 차로 20~30분
🏠 Carretera Cancun-Chetumal, Km 338. Cancun
🕐 9~3월 19:15-24:00, 4~8월 19:45-24:00, 약 3시간 소요
💲 성인 90USD, 5~11세 45USD
　　(교통편 옵션 추가 18USD)
@ www.xoximilco.com

플라자 라스 아메리카스

| 복합 상업 시설 | **Plaza Las Americas**

칸쿤 다운타운에서 가장 큰 쇼핑몰이자 현지인이 애용하는 곳으로 말레콘 아메리카스Malecon Americas와 플라자 라스 아메리카스Plaza Las Americas의 2개 쇼핑몰이 나란히 붙어 있다. 명품 부티크는 없지만 중저가 의류와 신발 브랜드부터 대형 슈퍼마켓, 영화관, 푸드 코트 등 200개가 넘는 숍과 레스토랑이 입점해 있다. R-27 버스가 호텔 존과 쇼핑몰을 연결하지만 배차 간격이 굉장히 길어서 오래 기다려야 한다.

📍 다운타운 ADO 버스 터미널에서 택시로 8분
🏠 Dialogo Norte-Sur, Avenida. Tulum Sur, 7
🕐 10:00-22:00

월마트 | 슈퍼마켓 | Walmart

칸쿤에서 24시간 운영하는 유일한 대형 슈퍼마켓 월마트는 식료품부터 수영복, 물놀이 용품이나 기념품, 한국 라면과 햇반까지 다양한 물건을 판매하고 있어 여행객이 쇼핑을 위해 꼭 들르는 곳이다. 슈퍼마켓 입구에는 여행 상품 판매 부스가 있고 주차장에는 렌트카 허츠Hertz의 간이 사무실이 있어 투어 상품 구입이나 차량 렌트도 가능하다. 호텔 존까지 운영하는 R-2 버스가 자주 운행되어 호텔 존에서도 어렵지 않게 방문할 수 있다.

📍 다운타운 ADO 버스 터미널에서 택시로 8분
🏠 Avenida Coba, 21
🕐 24시간

메르카도 베인티오초 | 전통 시장 | Mercado 28

관광객이 찾는 모든 기념품이 모여 있는 칸쿤 시내의 기념품 시장이다. 흥정이 필수인 곳으로 적극적으로 호객하는 상인들 때문에 불쾌해질 수도 있으나 너무 짜증내지 말도록 하자. 시장 중앙에는 로컬 식당과 부스가 있어 투어 상품도 구매할 수 있다. 야외 시장이므로 더운 날은 이를 각오하고 방문하자. 오후 6시 이후가 되면 문을 닫는 상점이 많으니 이른 시간에 찾는 것이 좋다.

📍 다운타운 ADO 버스 터미널에서 택시로 5분, 도보로 20분
🏠 Calle Xel Ha, SM 28, Mz 13
🕐 08:00-19:00

라스 플라자스 아웃렛 | 복합 상업 시설 | Las Plazas Outlet

캘빈 클라인, 게스, 나이키, 스케쳐스, 푸마, 휴고 보스, 라코스테, 퀵실버, 언더아머, 타미힐피거, 크록스 등 중저가 브랜드 30여 개 매장이 입점해 있다. 할인율이 높고 매장 수가 많은 아웃렛을 기대하는 것이 아니라면 방문할 만하다.

📍 다운타운 ADO 버스 터미널에서 택시로 10분
🏠 Avenida. Andres Quintana Roo, SM 39
🕐 10:00-22:00

Restaurant & Bar

치스터

| 이탈리언 | Cheesters(CHSTR)

2006년 칸쿤에 문을 연 치스터는 꾸준한 인기 덕분에 칸쿤 다운타운에 4곳, 플라야 델 카르멘과 호텔 존에도 각각 1개씩 지점을 둔 식당 체인으로 크게 성장했다. 특히 파스타의 경우 하나를 시키면 2명이 함께 먹어도 충분할 만큼 양이 푸짐하다. 토핑 맛이 살아 있는 얇은 도우의 피자와 독특한 맛의 스무디도 추천 메뉴다.

📍 라스 팔라파스 공원 바로 옆
🏠 Parque Las Palapas, Calle 5 Alcatraces S/N
☎ +52 998 884 8282
🕐 13:00-23:00

라 아비추엘라 | 멕시칸, 해산물 | La Habichuela

독특한 분위기를 가진 칸쿤에서 제일 오래된 레스토랑. 나무가 무성하게 우거진 야외 정원은 마야 유적지나 박물관에서나 볼 수 있을 듯한 조각상으로 장식되어 있다. 코코넛과 열대 과일로 만든 카레 소스를 곁들인 새우, 로브스터 요리 코코비추엘라Cocobichuela(650페소)가 대표 메뉴이며 생선 스테이크Fish Fillet(230페소)도 인기가 있다. 가격은 좀 높지만 촛불을 밝힌 야외 테이블에서의 저녁 식사는 로맨틱한 밤을 완성시킨다.

📍 라스 팔라파스 공원에서 도보 2분　　🏠 Calle 10 Margaritas 25, Downtown　　☎ +52 998 884 3158　　🕐 12:00-23:30

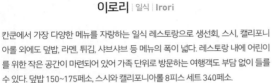

이로리 | 일식 | Irori

칸쿤에서 가장 다양한 메뉴를 자랑하는 일식 레스토랑으로 생선회, 스시, 캘리포니아롤 외에도 덮밥, 라멘, 튀김, 샤브샤브 등 메뉴의 폭이 넓다. 레스토랑 내에 어린이를 위한 작은 공간이 마련되어 있어 가족 단위로 방문하는 여행객도 부담 없이 들를 수 있다. 덮밥 150~175페소, 스시와 캘리포니아롤 8피스 세트 340페소.

📍 다운타운 ADO 버스 터미널에서 택시로 10분, 플라자 라스 아메리카스에서 도보 8분

🏠 Avenida Tulum Oriente 226, Plaza del Mar, Entrada Por Calle Viento

☎ +52 998 892 3072

🕐 13:00-22:45

오 마이 꼬기 | 한식 | Oh My GGogi

멕시코 킨타나로오 주에 있는 유일한 한식당. 식당 이름처럼 갈비와 삼겹살, 불고기 등 고기가 주메뉴이며 달걀찜과 얼큰한 된장찌개, 비빔밥과 같은 사이드 메뉴도 맛있고 반찬으로 나오는 김치도 괜찮은 편이다. 언제 가도 신나는 케이팝K-pop이 매장에 울려 퍼지고 케이팝 현지 팬을 위한 관련 이벤트도 종종 개최한다.

📍 플라자 라스 아메리카스에서 도보 8분, 플라자 솔라레스Plaza Solares 3층

🏠 Avenida. Sayil, Sm 6 Mz 5 Lt 02

☎ +52 998 201 8300

🕐 11:00-23:00

페스카디토스 | 멕시칸 | Pescaditos

라스 팔라파스 공원 근처에 있는 호스텔과 가깝고 가격대가 저렴한 데다 늦은 시간까지 문을 열기 때문에 배낭 여행객이 많이 찾는 곳이다. 흰 살 생선 튀김인 페스카디토스Pecaditos(33페소)가 일품이며 토르티야에 게살이나 각종 해산물을 넣어 튀긴 페스카딜라스Pescadillas(35페소)도 맛있다.

📍 라스 팔라파스 공원에서 도보 8분
🏠 Avenida Yaxchilan 69 S.M 25, Benito Juarez
☎ +52 998 884 0305
🕐 일~목요일 08:30-24:00, 금~토요일 08:30-24:45

파스텔레테리아 | 베이커리 | La Pasteleteria

플라자 라스 아메리카스 부지 내에 있는 세련된 인테리어의 베이커리 레스토랑으로 가지런히 놓여 있는 빵 중에서 원하는 것을 골라 샐러드나 수프와 함께 먹으면서 브런치를 즐기기 좋다. 케이크와 같은 디저트, 와플과 크레이프, 시푸드 요리, 멕시코 요리 등도 주문할 수 있다. 아침 일찍 문을 열기 때문에 조식을 먹기 위해 찾는 사람도 많다.

📍 플라자 라스 아메리카스와 연결된 말레콘 아메리카스Malecon Americas에 위치
🏠 Plaza Malecon Americas, Local 13 y 14 Mz. 1, SM 6
☎ +52 998 193 1150
🕐 06:30-23:00

보비노 슈하스카리아 | 스테이크 | Bovino's Churrascaría

약 4만 원에 브라질식 스테이크를 원 없이 먹을 수 있는 뷔페 레스토랑으로 플라야 델 카르멘에도 지점이 있다. 현지 물가에 비하면 비싼 편이지만 늘 손님들로 북적거린다. 웨이터들이 긴 꼬치에 꽂은 각기 다른 부위의 고기를 들고 돌아다니며 그 자리에서 고기를 잘라 접시 위에 놓아준다. 뷔페 가격(1인 680페소~)에 스시와 해산물이 나오는 샐러드 바도 포함되어 있으며 음료, 디저트, 팁은 별도다.

📍 다운타운 ADO 버스 터미널에서 차로 10분, 라스 플라자스 아웃렛에서 차로 5분
🏠 Avenida Yaxchilán Mz 2, Lt 4, Sm 17
☎ +52 998 898 0857
🕐 12:00-24:30

칸쿤 다운타운
Cancun Centro

콜렉티보 정류장
Colectivo station

노마드 호스텔 & 바 칸쿤
Nomads Hostel & Bar Cancun

아데오 버스 터미널
ADO Bus Station

메가
Mega

라 파리야
La Parrilla

셀리나 칸쿤 다운타운
Selina Cancun Downtown

라마다 칸쿤 시티
Ramada Cancun City

라 아비추엘라
La Habichuela

메스칼 호스텔
Mezcal Hostel

메르카도 베인티오초
Mercado 28

페스카디토스
Pescaditos

이글레시아 데 크리스토 레이
Iglesia de Cristo Rey

치스터
Cheesters

카페 나데르
Cafe Nader

라스 팔라파스 공원
Parque de Las Palapas

체드라우이
Chedraui

스마트 칸쿤 바이 오아시스
Smart Cancun by Oasis

월마트
Walmart

LQ호텔 바이 라 퀸타 칸쿤
LQ Hotel by La Quinta Cancun

이로리
Irori

메가
Mega

체드라우이
Chedraui

오 마이 꼬기
Oh My Ggogi

보비노 슈하스카리아
Bovino's Churrascaria

리버풀 백화점
Liverpool

플라자 라스 아메리카스
Plaza Las Americas

라스 플라자스 아웃렛
Las Plazas Outlet

소리아나
Soriana

치스터
Cheesters

파스텔레테리아
La Pasteleteria

이비스 칸쿤 센트로
Ibis Cancun Centro

포 포인츠 바이 쉐라톤 칸쿤 센트로
Four Points by Sheraton Cancun Centro

칸쿤 국제공항
Cancun International Airport

소치밀코
Xoximilco

칸쿤 다운타운 숙소

Hotel

포 포인츠 바이 쉐라톤 칸쿤 센트로
Four Points by
Sheraton Cancun Centro ★★★★

칸쿤 다운타운에 묵는다면 가장 좋은 대안이 될 수 있는 디럭스 호텔. 탁 트인 전망의 야외 수영장, 스파 시설, 피트니스 센터가 있어서 도심 속 휴양을 즐기기 좋다. 전 세계 메리어트 호텔 브랜드에서 사용할 수 있는 메리어트 리워즈Marriott Rewards®에 가입되어 있다면 예약 시 할인 혜택을 받을 수 있고 포인트로 숙박 예약도 가능하다.

🏠 Av Tulum, MZ 1 - Lote 2 - SM 12
☎ +52 998 283 0101
@ www.marriott.com/hotels/
travel/cunfp-four-points-
cancun-centro/
$ 2인 기준 101USD~(조식 포함)

스마트 칸쿤 바이 오아시스
Smart Cancun by Oasis ★★★★

야자수가 우거진 야외 수영장과 풀 사이드 바에서 낭만적인 휴양지 분위기를 만끽할 수 있는 곳이다. 24시간 리셉션과 무료 주차장, 무료 Wi-Fi 등과 같은 편의 시설과 서비스도 꼼꼼하게 갖췄다. 호텔 존 입구에 있어서 비치까지 차로 10분이면 이동할 수 있다.

🏠 Av Tulum 13-14, Capilla
Ecumenica, 22
☎ +52 998 848 8600
@ www.oasissmart.com
$ 2인 기준 102USD~(조식 불포함)

LQ 호텔 바이 라 퀸타 칸쿤
LQ Hotel by La Quinta Cancun ★★★★

칸쿤 다운타운 호텔 중에서는 리셉션에서의 고객 대응이나 친절도가 비교적 만족스러운 편이다. 야외 수영장과 지하 주차장 등 부대시설도 충실하며 조식도 기대 이상이다. 호텔 바로 옆에 편의점이 있고 플라자 라스 아메리카스 쇼핑몰도 걸어서 6분이면 갈 수 있다.

🏠 Av. Tulum Mza. 14 S.M. 4
Lote 2
☎ +52 998 872 9400
@ www.lqhotelcancun.com
$ 2인 기준 197USD~(조식 포함)

라마다 칸쿤 시티
Ramada Cancun City ★★★

ADO 버스 터미널, 전통 시장 메르카도 베인티오초Mercado 28, 슈퍼마켓 체드라우이Chedraui가 가까이에 있어 다운타운을 돌아보는 데 최적의 위치다. 레스토랑과 수영장 등의 부대시설이 있으며 리셉션에서의 고객 대응도 훌륭한 편이다. 객실 내 욕실 크기가 좀 작고 수압이 약하다는 점이 아쉽다.

🏠 Av Yaxchilan 41 SM 22
☎ +52 998 881 7870
@ www.wyndhamhotels.com/
ramada/cancun-mexico/
ramada-cancun-city/
$ 2인 기준 109USD~(조식 포함)

Hotel

이비스 칸쿤 센트로
Ibis Cancun Centro ★★★

칸쿤 국제공항은 차로 20분, 플라자 라스 아메리카스 쇼핑몰까지 도보 10분 이내로 이동할 수 있는 뛰어난 위치의 호텔로 개별 욕실을 갖춘 객실에서는 무료 Wi-Fi를 사용할 수 있으며 24시간 운영하는 리셉션, 조식 뷔페를 제공하는 레스토랑 겸 바를 갖추고 있다.

🏠 Av Tulum y Nichupté
Supermanzana 11 M2 L3
☎ +52 998 272 8500
@ www.accorhotels.com/gb/
hotel-7118-ibis-cancun-
centro
$ 2인 기준 74USD~(조식 포함)

Hostel

노마드 호스텔 & 바 칸쿤
Nomads Hostel & Bar Cancun

ADO 버스 터미널과 인접한 호스텔로 부티크 호텔과 견주어도 뒤지지 않을 만큼 세련된 인테리어를 자랑하며 루프톱 수영장과 야외 테라스에서의 탁 트인 전망도 환상적이다. 무료 주차장을 제공하며 간단한 콘티넨털 조식과 멕시칸 요리가 나오는 석식이 포함되어 있다.

🏠 Av Carlos Nader 32, 2A
☎ +52 998 217 5332
@ www.nomadsexperience.
com/cancun.php
$ 6인 여성 도미토리 1인 1박 기준
17USD~(조식, 석식 포함)

메스칼 호스텔
Mezcal Hostel

토요일의 바비큐 파티, 야외 수영장, 게임 룸 등 교류할 수 있는 공간이 많아 혼자 숙박하더라도 다른 사람들과 스스럼없이 친구가 될 수 있는 분위기다. 무료 Wi-Fi를 제공하며 숙박 요금에 조식과 석식이 포함되어 있어 주머니 가벼운 배낭 여행자에게 안성맞춤이다.

🏠 Calle Mero 12-entrada por
Av Nader
☎ +52 998 217 5315
@ nomadsexperience.com/
mezcal.php
$ 14인 도미토리 1인 1박 기준
12USD~(조식, 석식 포함)

셀리나 칸쿤 다운타운
Selina Cancun Downtown

칸쿤 다운타운의 중심에 있는 셀리나 칸쿤 호스텔은 로커와 베드마다 독서등이 설치된 도미토리 룸과 프라이빗 룸까지 다양한 룸 카테고리가 있고 야외 수영장에서의 흥겨운 파티, 요가와 살사 클래스 등 즐길 거리가 풍성하다. 옵션으로 추가할 수 있는 투어 프로그램도 다양하다.

🏠 Av Tulum 75, Benito Juárez
☎ +52 998 884 2999
@ www.selina.com/mexico/
cancun/
$ 10인 도미토리 1인 1박 기준
11USD~(조식 불포함)

PLAYA DEL CARMEN

플라야 델 카르멘

저렴한 호스텔부터 럭셔리한 리조트까지! 젊은 기운이 가득한 플라야 델 카르멘

리비에라 마야에 있는 플라야 델 카르멘은 라틴 아메리카에서 가장 빠르게 성장하는 도시로 꼽힌다. 칸쿤과는 다른 역동적인 분위기, 코수멜 섬, 툴룸, 코바 등의 주변 관광지로 이동하기 편해 젊은 배낭 여행객에게도 각광받고 있다. 해변에는 고급 리조트, 시내에는 곳곳에 소규모 부티크 호텔과 호스텔이 들어서 있고 대부분의 해변이 퍼블릭 비치이기 때문에 해변을 따라 수영하거나 산책을 즐기기에도 좋다. 도보만으로도 충분히 둘러볼 수 있는 다운타운에는 대형 체인 브랜드 숍은 물론 골목 구석구석 개성 있는 숍과 레스토랑이 많아 여행에 재미를 더한다.

찾아가기

개별 차량 | 칸쿤 공항에서 플라야 델 카르멘까지는 프라이빗 트랜스퍼Private Transfer를 이용하는 것이 가장 빠르고 편리하다. 소요 시간은 약 50분, 왕복 110~140USD로 비용은 차량당 책정되기 때문에 2명 이상의 인원일 때 추천한다. 올 인클루시브 리조트는 자체 트랜스퍼 서비스를 제공하며 숙박 예약 시 옵션으로 추가할 수 있다.

ADO 버스 | 칸쿤 공항 국제선 3터미널 또는 4터미널에서 ADO 버스를 이용해 플라야 델 카르멘으로 이동 시 1시간 15분 정도 소요되며 요금은 편도 190페소다. 버스 스케줄은 공항 출발 08:30~23:50이며 플라야 델 카르멘에는 5번가5th Avenue ADO Bus Station와 20번가20th Street ADO Bus Station 2곳의 버스 터미널이 있는데 칸쿤이나 툴룸에서 출발하는 버스는 5번가 버스 정류장에서 승하차한다.

교통편

택시 | ADO 버스 정류장 옆이나 많은 관광객이 오가는 5번가와 10번가, 12번가, 38번가 등에서 쉽게 이용할 수 있다. 택시를 타기 전에 미리 요금을 흥정해야 하며 USD 달러보다는 멕시코 페소를 준비하자. 리비에라 마야에 있는 리조트까지 이동하면 요금이 더 높아지며 거리에 따라 편도 120~700페소에 이르기까지 다양하다.

콜렉티보 | 칸쿤 시내나 툴룸으로 이동할 때 승합 택시 콜렉티보Colectivo를 이용하면 좀 더 저렴하다. 칸쿤까지는 편도 38페소이며 에코 테마파크인 스칼렛Xcaret까지는 20페소, 셀하Xel-Há와 툴룸까지는 45페소 정도다.
정류장 위치 | 20 Avenida Norte 652, DOWNTOWN, Centro

코수멜 섬 이동

페리 | 플라야 델 카르멘에서 코수멜 섬까지는 페리로 쉽게 이동할 수 있는데 소요 시간은 30분, 요금은 편도 200페소, 왕복 390페소 정도다. 울트라마르Ultramar, 바르코스 카리베Barcos Caribe, 윈젯Winjet, 3개의 페리 회사가 운항하고 있다. ADO 버스 정류장에서 도보로 5분 정도면 페리 터미널로 이동할 수 있다.

플라야 델 카르멘 여행 전에 알아두기!

√ **날씨와 방문 시기** 최고 성수기는 12~2월, 준성수기는 3~4월, 7~8월이며 태풍의 영향으로 강수량이 높은 9~11월이 비수기로 이때 숙박 요금이 비교적 저렴하다.

√ **호텔 선정** 호스텔부터 부티크 호텔, 올 인클루시브 리조트까지 본인의 예산과 일정에 맞춰 선택할 수 있는 다양한 옵션이 있다.

√ **예산** 점심 식사는 보통 100~200페소, 만족스러운 저녁 식사를 위해서는 1인 400~600페소 정도 비용이 든다.

√ **일정** 플라야 델 카르멘에서 일정의 여유가 있다면 페리로 갈 수 있는 코수멜 섬과 마야 유적지 치첸이트사, 에코 테마파크인 스칼렛Xcaret과 셀하Xel-Há 등을 꼭 방문해보자.

TIP 이것도 알아두자!

플라야 델 카르멘에서 쉽게 길 찾는 법

주소 체계 해변가를 따라 난 길은 아베니다Avenida라고 부르며 길 하나마다 숫자 5씩 증가한다. 아베니다와 수직으로 교차하는 길을 까예Calle라고 부르는데 베니토 후아레스Benito Juarez 거리를 중심으로 북쪽은 길이 2, 4, 6 등 짝수로 증가하고 남쪽은 1, 3, 5 등 홀수로 증가한다.

도보로 돌아보는 법 라 퀸타 아베니다La Quinta Avenida라고도 불리는 5번가는 약 5km 길이의 직선거리로, 플라야 델 카르멘의 심장부이자 웬만한 유명 레스토랑과 카페, 숍이 밀집해 있다. 5번가와 1번가가 만나는 위치에 있는 쇼핑몰 파세오 델 카르멘Paseo Del Carmen은 버스 정류장과도 가까워 이곳에서 일정을 시작하는 것을 추천한다. 코코봉고 등의 나이트클럽은 5번가와 10번가, 12번가가 만나는 곳에 모여 있다.

Travel Highlight

푼다도레스 공원

| 공원 | **Parque Fundadores**

플라야델 카르멘을 방문하는 모든 관광객이 한 번쯤은 지나치게 되는 공원으로 입구에 세워진 높이 16m의 커다란 브론즈 조각상은 어디서든 눈에 잘 띄기 때문에 만남의 장소로도 꼽힌다. 공원 내 무대에서는 흥겨운 밴드 공연이 이어지고 주변에 노점상이 모여 있어 군것질거리도 넘쳐난다. 코수멜 섬으로 가는 페리 터미널과도 인접해 있다.

📍 5번가 ADO 버스 터미널에서 도보 1분   🏠 Av. Benito Juárez, Centro

카르멘 성모마리아 성당

| 성당 | **Parroquia de Nuestra Señora del Carmen**

주변에 야자수와 열대 식물이 우거져 있는 하얀색 외벽의 아담한 성당. 운이 좋으면 결혼식 풍경도 볼 수 있다. 활짝 열린 입구의 반대쪽은 유리로 되어 있어 예배당 안에서 저 너머 푸른 바닷가를 엿볼 수 있다. 미사는 영어와 스페인어로 열려서 외국인도 참여할 수 있다.

📍 5번가 ADO 버스 터미널에서 도보 11분
🏠 15 Avenida Calle 12 Norte y 12 Norte Bis s/n, Centro

마미타스 비치 | 해변 | Mamita's Beach

중심가의 북쪽에 있는 퍼블릭 비치로 티에스토나 데이비드 게타와 같은 유명 DJ
가 디제잉 공연을 펼치는 핫플레이스다. 재즈 페스티벌 등의 뮤직 축제나 이벤트도
자주 열린다. 비치 앞의 마미타스 비치 클럽에서는 유료로 전용 선 베드와 음식, 음
료, 샤워실, 수영장 등을 제공한다. (마미타스 비치 클럽Mamitas Beach Club www.
mamitasbeachclub.com/선 베드와 파라솔 대여 2인 기준 800페소(500페소 음
식/음료 바우처 포함))

📍 5번가 ADO 버스 터미널에서 차로 10분
🏠 Calle 28 Norte Mza 10 Lote 8 Centro

프리다 칼로 뮤지엄 | 박물관 | The Frida Kahlo Museum

멕시코를 대표하는 예술가 프리다 칼로의 박물관이 그녀의 출생 110주년을 맞아 플
라야 델 카르멘에도 오픈했다. 입장료에는 가이드 투어가 포함되어 있으며 시청각
실과 전시실에는 프리다 칼로가 사용했던 물건과 소품 등과 함께 그녀의 인생을 조
명하고 원본 작품은 없지만 주요 작품은 사진으로 감상할 수 있다.

📍 5번가 ADO 버스 터미널에서 도보 6분
🏠 5ta Avenida esq. Calle 8, Centro
🕐 09:00-23:00, 가이드 투어는 약 50분간
💲 성인 15USD, 5~11세 어린이 50% 할인, 5세 미만 무료 입장
@ museofridakahloriivieramaya.org

플라야카 비치 | 해변 | Playacar Beach

코수멜 섬으로 가는 페리 터미널에서부터 시작해 플라야 델 카르멘의 남쪽으로 이어지는 해변으로 스노클링이나 수영을 즐기기에도 좋다. 공용 화장실이나
비치 클럽이 없으며 해변에 있는 비치 베드나 의자는 호텔 숙박객 전용이므로 별도로 수건이나 깔개를 챙겨가야 한다.

📍 페리 터미널에서 도보 2분

Shopping

파세오 델 카르멘

| 복합 쇼핑몰 | **Paseo Del Carmen**

버스 터미널과 페리 선착장에서 가까운 야외형 복합 쇼핑몰. 곳곳에 나무 그늘과 분수, 벤치가 있어서 쇼핑과 관광에 지친 다리를 쉬어 갈 수 있다. 나이키나 올드 네이비, 게스, 자라, 타미힐피거 같은 친숙한 패션 브랜드와 스타벅스 커피, 하겐다즈 등의 카페와 레스토랑 등 다양한 숍이 입점해 있다.

📍 5번가 ADO 버스 터미널에서 도보 3분
🏠 10 Avenida Sur 8, Centro
☎ +52 55 3280 8344
🕐 10:00-23:00(매장에 따라 다름)

아시엔다 테킬라 & 뮤지엄

| 기념품 | **Hacienda Tequila & Tequila Museum**

벤치에 앉은 동상 덕분에 멀리에서도 눈에 들어오는 대형 기념품 숍으로 멕시코 색이 짙어 선물하기 좋은 작은 소품부터 티셔츠, 멕시코 커피, 테킬라와 주류 등을 판매한다. 가게 한쪽에는 테킬라 박물관이 있어 테킬라가 만들어지는 과정을 사진으로 볼 수 있으며 시음도 할 수 있다.

📍 5번가 ADO 버스 터미널에서 도보 10분
🏠 Quinta Avenida Mz. 27 Lt. 15, Centro
☎ +52 984 873 1202
🕐 08:00-23:00

까예 꼬라손 | 복합 상업 시설 | **Calle Corazon**

플라야 델 카르멘의 메인 거리 5th Avenue에 오픈한 복합 상업 시설로 유명 부티크 호텔 톰슨Thompson과 세계적인 뷰티 스토어인 세포라SEPHORA, H&M과 홀리스터, 빅토리아 시크릿, 마이클 코어스, 스티브 매든, 캘빈 클라인 등 40여 개의 상점과 레스토랑이 들어가 있다.

📍 5번가 ADO 버스 터미널에서 도보 12분
🏠 5ta Avenida entre la calles 12 y 14
☎ +52 984 139 8415
🕐 11:00-23:00(매장에 따라 다름)

까예 꼬라손 추천 숍

블루미쉬 | 천연 비누 | **Bloomish**

일명 '멕시칸 LUSH'로 불리는 블루미쉬는 과일이나 식물의 오일을 사용한 오리지널 천연 비누, 오일, 입욕제 등을 판매하는 곳이다. 색깔이나 향, 모양, 효능이 각기 다른 50여 가지 비누가 있는데 그중에서도 아보카도나 카카오, 파파야 등의 모양을 그대로 살린 독특한 비누는 선물용으로도 인기가 많다.

📍 까예 꼬라손 1층   ☎ +52 984 688 8013

온다데마르 | 비치 웨어 | **OndadeMar**

콜롬비아의 수영복 브랜드 온다데마르의 스타일리시한 비치 웨어를 만날 수 있다. 라틴풍의 이국적이면서도 세련된 비키니를 구매하고 싶었다면 꼭 들러보자.

📍 까예 꼬라손 1층
☎ +52 984 688 5577

라 트룹 | 의류 및 잡화 | **La Troupe**

섬세한 자수가 돋보이는 현지 브랜드로 핸드 메이드 의류와 잡화, 인테리어 소품은 아기자기하고 사랑스러운 디자인으로 눈을 뗄 수 없게 만든다. 플라야 델 카르멘 외에도 툴룸과 바야돌리드에 지점이 있다.

📍 5번가 ADO 버스 터미널에서 차로 12분, 도보로 20분
🏠 5 Avenida entre calle 28 y 30, Local 3
☎ +52 984 14 72 992
🕐 09:00-23:00

아마카마르테 | 해먹 숍 | Hamacamarte

인테리어 소품으로도 인기가 높은 해먹 전문 숍으로 가게 내에 전시된 독창적인 디자인과 선명한 색의 해먹은 모두 현지 사람들이 만든 핸드 메이드 제품이다. 부피도 크고 가격대도 높아 여행자가 사기에는 부담스럽지만 구경하는 것만으로도 눈이 즐겁다.

📍 5번가 ADO 버스 터미널에서 차로 12분, 도보로 25분   🏠 Calle 38, entre 5ta avenida y la playa, Centro
☎ +52 984 873 1338   🕐 10:00-20:00

키자 부티크 & 카페 | 편집 숍 & 카페 | KITZA Boutique & Cafe

에스닉한 액세서리와 잡화, 수영복, 의류의 편집 숍으로 작은 규모이지만 한쪽에 카페도 겸하고 있다. 뒤쪽 골목에 있어서 좀처럼 찾기 쉽지 않지만 바가지를 씌우지 않는 적당한 가격 덕분에 득템하고 나올 수 있는 곳이다.

📍 5번가 ADO 버스 터미널에서 도보 12분
🏠 Avenida 10 Norte, Entre Calle 20 y 24
☎ +52 33 1479 3838
🕐 09:00-22:00

퀸타 알레그리아 | 복합 쇼핑몰 | QUINTA ALEGRIA

플라야 델 카르멘의 대표적인 번화가 5번가에 있는 3층 규모의 복합 쇼핑몰. 나이키 Nike, 리바이스Levi's, 빅토리아 시크릿Victoria's Secret, 아메리칸 이글American Eagle, 울트라펨메Ultrafemme 등 의류와 코스메틱 숍, 아이스크림 가게, 레스토랑 등 다양한 종류의 숍이 폭넓게 갖춰져 있으며 넓은 광장과 실내 정원도 꾸며져 있다.

📍 5번가 ADO 버스 터미널에서 도보 12분
🏠 Av Constituyentes S/N, Centro, 77710 Playa del Carmen
☎ +52 984 803 2358
🕐 10:00-22:00

라 비키네리아 | 비치 웨어 | **La Bikineria**

워낙 작은 규모의 숍이라 간판을 유심히 살피지 않으면 지나치기 쉽지만 내부는 세련되고 고급스러운 비치 웨어, 감각적인 액세서리 등 탐나는 제품으로 가득해 우연히 들어선 여행자의 눈도 휘둥그레지게 만든다.

📍 5번가 ADO 버스 터미널에서 도보 15분
🏠 5th Avenue, Gonzalo Guerrero
🕐 09:00-23:00

시가 팩토리 | 시가 | **Cigar Factory**

엄선된 담뱃잎으로 다년간의 발효와 숙성 과정으로 만들어진 좋은 품질의 시가를 구매할 수 있는 곳이다. 숍 앞의 테이블에 앉은 전문 기술자가 자리에서 직접 시가를 말아주는 진기한 광경도 펼쳐진다. 3년산의 가벼운 시가부터 7년 숙성의 향과 맛이 강한 시가까지 다양한 종류가 갖춰져 있다.

📍 5번가 ADO 버스 터미널에서 도보 13분
🏠 Calle 16 norte, Local 7-A., Quinta Avenida, Frente a Hotel Tukan, Centro
☎ +52 984 803 2842
🕐 09:00-24:00

테킬라 바자르 | 기념품 | **Tequila Bazar**

퀸타 알레그리아 쇼핑몰 바로 옆에 있는 기념품 숍으로 간판이 매우 작아 보이지 않기 때문에 초가지붕을 얹은 듯한 외관으로 찾아야 한다. 수공예 지갑이나 열쇠고리, 멕시코 전통 인형과 같이 작은 소품의 기념품은 부담스럽지 않은 가격으로 선물하기 좋다.

📍 5번가 ADO 버스 터미널에서 도보 12분   🏠 Gonzalo Guerrero, 77720 Playa del Carmen   ☎ +52 984 803 4999   🕐 09:00-21:30

Cafe

100% Natural | 카페 겸 레스토랑 |

멕시코 전역에 지점을 둔 100% Natural은 글루텐 프리 메뉴, 채식주의자를 위한 메뉴를 제공하는 카페 겸 레스토랑으로 더위를 식혀주는 신선한 과일 주스와 샐러드, 오믈렛, 타코, 해산물 요리를 맛볼 수 있다. 배달 서비스도 제공한다.

📍 프리다 칼로 뮤지엄에서 도보 2분   🏠 5°Av. Mza. 28 #209-1 Entre 10 y 12, Colonia Centro
☎ +52 984 873 2242   ⏰ 07:00-23:00

아 카카오 초콜릿 카페 | 카페 | Ah Cacao Chocolate Cafe

멕시코 체인 커피 전문점으로 플라야 델 카르멘 다운타운에는 3개 지점이 있다. 커피는 물론 초콜릿을 이용한 시원한 음료와 수제 초콜릿, 디저트까지 준비되어 있어 산책하다가 더위를 피하기에 그만이다.

📍 마미타스 비치에서 도보 5분, 퀸타 알레그리아 쇼핑몰에서 도보 7분
🏠 5ta Avenida x Calle 30
🕐 07:15-23:30

쉐 셀린 | 카페 | Chez Celine

아몬드 크루아상과 달콤한 디저트, 맛있는 크레이프를 판매하는 카페로 아침 식사 또는 가벼운 브런치를 즐기기에 좋은 곳이다. 42페소에 크루아상과 에스프레소를 맛볼 수 있으며 오후 1시 이후에는 샐러드 & 샌드위치 메뉴도 제공한다.

📍 5번가 ADO 버스 터미널에서 도보 20분
🏠 5th Ave and Calle 34
☎ +52 984 803 3480
🕐 07:30-23:30

카페 앙투와네트 | 카페 | Cafe Antoinette

프랑스 파리의 어느 거리에서 마주칠 것 같은 세련된 카페는 코수멜 섬으로 가는 페리 터미널 가까이에 있다. 커피와 크루아상, 초콜릿 파이, 샐러드, 크레이프를 판매한다. 칸쿤 다운타운에도 지점이 있다.

📍 페리 터미널에서 도보 3분   🏠 Calle 1 Sur s/n, Centro   ☎ +52 984 803 2373
🕐 07:00-21:00

Restaurant & Bar

라 쿠에바 델 창고

멕시칸 | **La Cueva del Chango**

무성한 열대 나무가 우거진 정원에 둘러싸여 있는 레스토랑으로 중심가에서 좀 떨어져 있지만 현지인과 관광객 모두에게 인기 만점이다. 삼림욕을 하면서 아침 식사 메뉴, 멕시코 특선 요리 및 신선한 과일 주스를 맛보자.

📍 마미타스 비치에서 도보 10분

🏠 38th Street Between 5th Avenue and the Sea, Col. Zazil Ha

☎ +52 984 147 0271

🕐 08:00-22:30

라 보테기타 델 메디오

| 쿠바 요리, 바 | La Bodeguita del Medio

쿠바를 테마로 한 바 겸 레스토랑 체인의 플라야 델 카르멘 지점. 쿠바 아바나의 본점은 작가 가브리엘 가르시아 마르케스, 재즈 가수 냇 킹 콜, 칠레 대통령 살바도르 아옌데가 단골인 곳으로 유명하다. 살사와 쿠바 음악을 들으며 맛보는 모히토는 감탄이 절로 나오는 맛이다. 화요일과 수요일 저녁엔 무료 살사 레슨을 제공하기도 한다.

- 📍 마미타스 비치에서 도보 8분
- 🏠 5ta Avenida Esq. Calle 34 Norte
- ☎ +52 984 803 3951
- 🕐 13:30-03:00

오 라라 | 인터내셔널 | Oh Lala

트립 어드바이저에서 상위에 랭크된 인기 레스토랑으로 현지의 신선한 육류와 해산물로 만든 인터내셔널 요리를 맛볼 수 있다. 저녁 식사 시간에만 오픈하며 9개 테이블이 늘 꽉꽉 차므로 온라인으로 미리 예약하고 방문해야 한다. 메인 코스는 300~700페소, 칵테일은 150~210페소 정도.

- 📍 퀸타 알레그리아 쇼핑몰에서 도보 2분
- 🏠 Calle 14 bis between Ave 10 and 15
- ☎ +52 984 127 4844   🕐 18:30-22:30

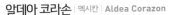

알데아 코라손 | 멕시칸 | Aldea Corazon

레스토랑 아래에 천연 샘인 세노테Cenote가 있고 커다란 나무들이 아늑한 지붕을 만들어 플라야 델 카르멘의 시내 중심에 있다고는 믿기지 않을 만큼 조용하면서도 낭만적인 분위기에서 멕시칸 요리를 즐길 수 있다. 새우 파히타 310페소, 세비체 280페소, 타코 195~240페소.

📍 퀸타 알레그리아 쇼핑몰에서 도보 3분
🏠 5th Avenue Entre Calle 14 y 14 bis
☎ +52 984 803 1942
🕐 08:00~24:00

엘포곤 | 멕시칸 | El Fogon

플라야 델 카르멘에만 해도 3곳의 지점이 있는 현지인과 관광객으로 늘 붐비는 인기 멕시칸 레스토랑. 돼지고기를 거대한 꼬챙이에 꿰어 구운 뒤 케밥처럼 얇게 저며 올린 알 파스토 타코Al Pastor Tacos(15페소)는 가히 플라야 델 카르멘 최고의 타코로 꼽힐 만한 맛이다.

📍 5번가 ADO 버스 터미널에서 도보 13분, 월마트에서 도보 3분
🏠 30 Avenida Norte s/n, Centro
☎ +52 984 803 0885   🕐 13:00~23:00

돈서로인 | 멕시칸 | Don Sirloin

엘포곤과 함께 타코 맛집으로 꼽히는 곳으로 대표 메뉴인 타코 외에도 퀘사디야나 파히타 등의 멕시칸 요리를 즐길 수 있다. 플라야 델 카르멘에 4개 지점이 있고 밤새 영업을 하기 때문에 늦은 시간에 찾아도 좋다. 추천은 파스토 타코Pastor Taco 17페소, 파히타 85~95페소, 퀘사디야 60~85페소.

📍 퀸타 알레그리아 쇼핑몰에서 도보 5분, 코코봉고 나이트 클럽에서 도보 1분
🏠 Av. 10 Entre Calle 12 y Calle 14, Col. Centro   ☎ +52 984 148 0424   🕐 14:00~06:00

아사데로 엘 뽀요 | 그릴 치킨 | Asadero El Pollo

번화가에서 한참 떨어진 골목 안에 있는 데다 영어 메뉴도 찾아보기 힘든 곳이지만 저렴한 가격에 맛도 뛰어난 그야말로 로컬만 아는 치킨 맛집 이다. 그릴에 구워져 나오는 치킨은 우리나라에서 판매하는 닭구이와도 닮아 있는데 절인 양파와 밥, 소스까지 함께 나와서 2명이 나눠 먹어도 될 만큼 양이 풍성하다. 한 마리 세트 110페소, 반 마리 세트 60페소.

📍 푼다도레스 파크에서 도보 7분　🏠 20 Av. Nte, Centro　☎ +52 981 816 7557　🕐 10:00-18:00

카사파 팩토리 | 베네수엘라 음식 | Kaxapa Factory

서비스와 음식이 훌륭해 우리나라 관광객도 꾸준히 찾는 베네수엘라 음식 레스토랑. 납작하고 동그란 빵 아레파Arepa 사이에 속을 채운 샌드위치나 우리나라 만두와도 닮은 엠파나다Empanadas 등 낯설지만 친숙한 맛이 느껴지는 베네수엘라 음식과 디저트, 음료를 판매한다.

📍 퀸타 알레그리아 쇼핑몰에서 도보 10분
🏠 Calle 10 Nte. SN Local 7, Centro
☎ +52 984 803 5023
🕐 09:00-22:00, 월요일 휴무

아룩스 레스토랑 | 쿠바 요리, 바 | Alux Restaurant

자연이 만든 지하 동굴에 있는 레스토랑 겸 바로 수년에 걸쳐 형성된 동굴 내부에서의 식사는 로맨틱하면서도 신비롭다. 중심지인 5번가에서 차로 10분 거리에 있지만 일부러 찾아갈 만한 가치가 있는 곳이다. 메인 코스 380~620페소, 칵테일 140~150페소.

📍 5번가에서 차로 10분
🏠 Av. Juarez Mza. 217 Lote. 2 Col. Ejidal Entre Diagonal 65 y 70
☎ +52 984 206 1401　🕐 17:30-23:00

101

Nightlife

젠지 | 비치 바 & 레스토랑 | Zenzi

해변가에 있는 비치 바로 몸이 절로 들썩이는 흥겨운 댄스 플로어와 라이브 음악으로 현지인과 관광객의 마음을 사로잡았다. 일주일에 3~4번 정도 살사와 삼바 등 무료 댄스 레슨도 이루어진다.

📍 프리다 칼로 뮤지엄에서 도보 3분
🏠 Calle 10, y la Playa, Centro, Gonzalo Guerrero
☎ +52 984 803 5738
🕐 08:30-02:00

코코봉고 | 나이트클럽 | Coco Bongo

최대 1800명의 관중을 수용할 수 있는 플라야 델 카르멘의 나이트클럽 중에서도 가장 규모가 큰 곳으로 거대한 스크린과 눈부신 조명, 곡예사, 색색의 풍선과 색종이가 나부끼는 카니발이 매일 열리는 곳이다. 월요일부터 금요일까지 1인당 75USD, 토요일에는 1인당 80USD에 오픈 바 액세스와 교통편이 포함되어 있다.

📍 퀸타 알레그리아 쇼핑몰에서 도보 5분
🏠 Calle 12 Norte 10, Gonzalo Guerrero
☎ +52 984 803 5939
🕐 22:00-16:00, 일요일 휴무

만다라 | 나이트클럽 | Mandala

플라야 델 카르멘의 나이트 라이프를 즐기기에 가장 좋은 곳이다. 하우스나 팝과 같은 세련된 음악과 에너지 넘치는 분위기, 훌륭한 음료로 최근에 인기가 높아져 주말이 되면 긴 줄이 늘어서곤 한다. 인도풍의 화려한 인테리어로 꾸며진 클럽은 2층으로 되어 있으며 다운타운의 중심부인 12th Avenue에 있다.

📍 퀸타 알레그리아 쇼핑몰에서 도보 6분
🏠 Calle 12 Mza 28 Lote 4, Colonia Centro
☎ +52 998 883 3333
🕐 22:30-04:00

플라야 델 카르멘 주변

칸쿤 다운타운 Cancun Centro

칸쿤 호텔 존 Cancun Hotel Zone

307

소치밀코 Xoximilco

셀바티카 Selvatica

푸에르토 모렐로스 Puerto Morelos

5

295

180D

바야돌리드 Valladolid

180

305D

마야코바 Mayacoba

플라야 델 카르멘 Playa del Carmen

109

H 로즈우드 마야코바 Rosewood Mayakoba

H 반얀트리 마야코바 Banyan Tree Mayakoba

H 페어몬트 마야코바 Fairmont Mayakoba

H 안다즈 마야코바 Andaz Mayakoba

익스플로르 Xplor

리오 세크레토 Rio Secreto

센스 Xenses

세노테 아술 Cenote Azul

H 그랜드 벨라스 리비에라 마야 Grand Velas Riviera Maya

H 바이스로이 리비에라 마야 Viceroy Riviera Maya

H 호텔 스칼렛 멕시코 Hotel Xcaret México

코바 Coba

우니코 20°N 87°W Unico 20°N 87°W H

스칼렛 Xcaret

95

아쿠말 Akumal

이슬라 코수멜 Isla Cozumel

도스 오호스 Dos Ojos

엘핏 El Pit

셀하 Xel-Há

그란 세노테 Gran Cenote

까사 세노테 Casa Cenote

툴룸 유적 Tulum Alqueological Site

307

15

플라야 델 카르멘
Playa del Carmen

H 호텔 프티 라피 Hotel Petit Lafitte

호텔 라 세미야 Hotel La Semilla

아마카마르테 Hamacamarte

라 보테기타 델 메디오 La Bodeguita del Medio

라 쿠에바 델 창고 La Cueva del Chango

아 카카오 초콜릿 카페 Ah Cacao Chocolate Café

쉐 셀린 Chez Celine

엘포곤 El Fogon

라이브 아쿠아 부티크 플라야 델 카르멘 Live Aqua Boutique Playa Del Carmen

비 플라야 호텔 Be Playa Hotel

라 트룹 La Troupe

마미타스 비치 Mamita's Beach

메가 Mega

더 리프 28 The Reef 28

HM 플라야 델 카르멘 HM Playa del Carmen

키자 부티크&카페 KITZA Boutique & Cafe

아나 스위트 Anah Suites

20번가 아데오 버스 터미널
20th Street ADO Bus Station

퀸타 알레그리아 QUINTA ALEGRIA

H 그랜드 하얏트 플라야 델 카르멘 리조트 Grand Hyatt Playa del Carmen Resort

라 피세리아 La Fisheria

월마트 Walmart

오 라라 Oh Lala

라 비키네리아 La Bikineria

카르멘 성모마리아 성당
Parroquia de Nuestra Señora del Carmen

돈 서로인 Don sirloin

테킬라 바자르 Tequila Bazar

코코봉고 Coco Bongo

아시엔다 테킬라 & 뮤지엄 Hacienda Tequila & Tequila Museum

카사파 팩토리 Kaxapa Factory

만다라 Mandala

알데아 코라손 Aldea Corazon

100% 내추럴 100% Natural

엘 타지 콘도 호텔 El Taj Condo Hotel

프리다 칼로 뮤지엄 The Frida Kahlo Museum

플라야 팜스 비치 호텔 Playa Palms Beach Hotel

콜렉티보 정류장 Colectivo Station

젠지 Zenzi

까예 꼬라손 Calle Corazon

아사데로 엘 뽀요 Asadero El Pollo

시가 팩토리 Cigar Factory

블루미쉬 Bloomish

더 파이브즈 다운타운 호텔 & 레지던스
The Fives Downtown Hotel & Residences

온다데마르 OndadeMar

5번가 5th Avenue

파세오 델 카르멘 Paseo Del Carmen

5번가 아데오 버스 터미널
5th Avenue ADO Bus Station

카페 앙투와네트 Café Antoinette

푼다도레스 공원 Parque Fundadores

플라야카 비치 Playacar Beach

페리 터미널 Ferry Terminal

이슬라 코수멜 Isla Cozumel

Hotel

HM 플라야 델 카르멘 HM Playa del Carmen ★★★★

퀸타 알레그리아 쇼핑몰 맞은편에 있는 이 호텔은 주변에 레스토랑과 상점이 몰려
있고 비치까지 도보 10분 이내로 갈 수 있어 관광하기에 최적의 위치다. 91개의 모
든 객실에는 전용 테라스가 있으며 호텔 건물에 둘러싸여 있는 아늑한 야외 수영장
과 풀 사이드 바가 마련되어 있다.

🔶 Avda Constituyentes Entre Calles 15 y 20 Norte
☎ +52 984 206 4646   @ www.hmplayadelcarmen.com
$ 2인 기준 스탠더드 룸 132USD~(세금, 조식 포함)

비 플라야 호텔 Be Playa Hotel ★★★★

플라야 델 카르멘에서 가장 트렌디한 부티크 호텔. 스탠더드를 제외한 주니어 스위
트와 마스터 스위트는 전용의 자쿠지와 발코니를 갖추고 있다. 호텔 옥상에 있는 수
영장은 플라야 델 카르멘의 핫플레이스로 주말마다 풀 파티와 DJ의 신나는 공연이
열려 젊은이들로 가득 찬다.

🔶 Avenida 10 y Calle 26
☎ +52 984 803 2243   @ beplaya.com
$ 2인 기준 주니어 스위트 룸 110USD~(세금, 조식 포함)

더 파이브즈 다운타운 호텔 & 레지던스
The Fives Downtown Hotel & Residences ★★★★

힐튼 브랜드 쿠리오 컬렉션Curio Collection의 멕시코 첫 호텔로, 멕시코 유명 건축가와 인테리어 디자이너의 만
남으로 2017년 12월 오픈부터 화제가 되었다. 넓은 공간과 품격이 느껴지는 인테리어, 세심하게 신경 쓴 어메니
티로 허니무너에게도 크게 호평받고 있다. 4개의 레스토랑과 루프톱 인피니티 풀, 피트니스 센터 등 부대시설 역
시 부족함이 없다.

🔶 Avenida 10 Norte Calle 2
☎ +52 984 206 5500   @ www.thefivesdowntownhotel.com
$ 2인 기준 디럭스 정원 전망 룸 284USD~(세금 포함, 조식 불포함)

호텔 라 세미야 Hotel La Semilla ★★★

성인 전용 부티크 호텔로 빈티지 가구와 수제 소품으로 꾸며져 있는 9개 객실은 화려하지 않지만 세련미가 넘친다. 저녁이 되면 열대 야자수가 우거진 정원에서 무료 와인, 맥주를 마시며 쉴 수 있다. 자전거도 무료로 대여해준다.

📍 Calle 38 Norte Mz 4 Lote 3
☎ +52 984 147 3234
@ hotellasemilla.com/inicio/
$ 2인 기준 킹베드 룸 167USD~(세금, 조식 포함)

호텔 프티 라피 Hotel Petit Lafitte ★★★

이국적 분위기의 방갈로 객실과 바다 전망의 일반 객실을 갖춘 프티 라피는 다운타운의 번화가에서 살짝 벗어난 해변가 바로 앞에 있어 조용하고 느긋하게 시간을 보낼 수 있다. 야외 수영장과 스파 시설, 레스토랑, 칵테일을 즐길 수 있는 비치 바도 갖췄다.

📍 Carretera Cancun-Chetumal Km 296 + 2.1, Xcalacoco
☎ +52 984 877 4000   @ www.petitlafitte.com
$ 2인 기준 가든 뷰 312USD~(세금 포함)

플라야 팜스 비치 호텔 Playa Palms Beach Hotel ★★★

플라야 델 카르멘의 번화가 5번가, 퀸타 알레그리아 쇼핑몰과 인접한 플라야 팜스 비치는 대부분의 객실에 바다가 보이는 전용 테라스와 주방이 딸려 있다. 야외 수영장은 해변가 모래사장으로 바로 연결되며 테이블과 파라솔이 갖춰져 있는 비치 클럽은 숙박객 전용으로 운영된다.

📍 1st Avenue Bis, between 12th and 14th Streets
☎ +52 984 803 3908   @ www.playapalms.com
$ 2인 기준 부분 오션 뷰 룸 170USD~(세금, 조식 포함)

그랜드 벨라스 리비에라 마야
Grand Velas Riviera Maya

웅장함이 느껴지는 높은 하얀 성벽의 입구를 지나면 푸른 정글이 펼쳐진다. 객실은 크게 성인 전용의 그랜드 클래스Grand Class, 가족 여행에 좋은 앰배서더 Ambassador, 정글 안에 자리한 젠 그랜드Zen Grand 의 3개 카테고리로 나뉘어 있으며 넓은 부지의 호텔을 편리하게 이동할 수 있도록 무료 셔틀을 제공한다. 인기 프렌치 레스토랑 피아프Piaf를 비롯해 미국자동차 협회(AAA)로부터 다이아몬드 4개 또는 5개를 받은 레스토랑이 4곳이나 있어 숙박 내내 다채로운 미식의 향연을 즐길 수 있다.

- 📍 Carretera Cancun Tulum Km 62, Playa Del Carmen Municipio De Solidaridad, Riviera Maya
- ☎ +52 322 226 8689
- @ rivieramaya.grandvelas.com
- $ 2인 기준 젠 그랜드 스위트 890USD~(세금 포함)
- 🌴 스파 & 뷰티 살롱, 레스토랑(8개), 바(6개), 키즈 클럽, 틴즈 클럽, 피트니스 센터, 숍 & 부티크, 비즈니스 센터, 트래블 에이전시, 무동력 유료 수상 스포츠(스노클링, 카약, 부기 보드)

더 리프 28 The Reef 28

소규모의 고급 부티크 호텔을 표방하는 성인 전용 올 인클루시브 리조트 더 리프 28 이 2018년 5월에 문을 열었다. 모든 객실은 스위트 또는 마스터 스위트로 자쿠지와 전용 파티오 또는 테라스를 갖추고 있다. 바다와 도심 풍경이 펼쳐지는 옥상의 인피니티 풀은 저녁이 되면 현지 DJ의 공연과 칵테일로 남녀노소 모두 어우러지는 사교의 장으로 변신한다.

- 📍 1 Avenida Nte, Calle 28 Nte   ☎ +52 984 206 5150
- @ www.thereefresorts.com/resorts/reef-28
- $ 2인 기준 주니어 스위트 278USD~(세금 포함)
- 🌴 실외 수영장, 풀 사이드 바, 스파, 레스토랑(3개), 바(3개), 피트니스 센터

라이브 아쿠아 부티크 플라야 델 카르멘
Live Aqua Boutique Playa Del Carmen

5번가 북쪽 끝에 있는 성인 전용의 실속형 올 인클루시브 리조트로 고급 목재 가구로 인테리어된 편안한 분위기의 60개 객실에는 발코니가 있어 시내 전경을 한눈에 조망할 수 있다. 옥상의 야외 수영장 옆으로는 넓은 야외 데크가 있어 일광욕을 즐기기 좋으며 풀 사이드 바인 The Bar는 플라야 델 카르멘에서도 손꼽는 칵테일 바로 소문나 있다.

- 📍 5a Avenida esquina Calle 32, Col. Centro   ☎ +52 984 206 4199
- @ www.liveaqua.com/es/web/live-aqua-boutique-resort-playa-del-carmen
- $ 2인 기준 디럭스 룸 340USD~(세금 포함)
- 🌴 실외 수영장, 4개 레스토랑, 카페, 바, 스파, 피트니스 센터, 회의실

Condo Hotel

엘 타지 콘도 호텔 El Taj Condo Hotel

시내 중심인 5번가에서 가까운 럭셔리 콘도 호텔로 바다를 바라보는 모든 객실에는 주방과 식당, 거실, 침실이 있으며 무료 Wi-Fi와 주차장, 피트니스 센터를 제공한다. 오션 프런트와 비치 사이드 2개의 객실 동이 있는데 비치 사이드 건물에는 엘리베이터가 없으니 주의할 것. 호텔 내 2개의 수영장이나 호텔 전용 비치도 붐비지 않아 쉬기 좋다.

📍 1a Norte Esquina Calle 14 Norte
☎ +52 984 206 4570   @ www.eltaj.com
$ 2인 기준 원 베드 룸 241USD~(세금 포함, 조식 불포함)

아나 스위트 플라야 델 카르멘 Anah Suites Playa del Carmen

다운타운 중심에 있는 모던한 아파트먼트로 퀸타 알레그리아 쇼핑몰이 도보 5분 거리다. 스탠더드 아파트먼트를 제외하고 원 베드 아파트먼트부터 부엌 시설이 있어 어린이를 동반한 가족 여행객이 많이 찾는다. 지하 주차장, 요가 룸, 세탁실, 놀이방, 루프톱 수영장 등도 갖추고 있다.

📍 Avenida 20 Entre Calle 16 Norte y Call 14 Norte Centro, 77710 Playa del Carmen
☎ +52 984 803 3332   @ www.anahsuites.mx
$ 원 베드 아파트먼트 132USD~, 투 베드 아파트먼트 165USD~(세금 포함, 조식 불포함)

Optional All Inclusive

그랜드 하얏트 플라야 델 카르멘 리조트 Grand Hyatt Playa del Carmen Resort

퀸타 알레그리아 쇼핑몰, 코코봉고 나이트클럽, 많은 레스토랑 등이 도보권에 있어 관광, 쇼핑, 나이트 라이프, 휴식을 균형 있게 누릴 수 있는 5성급 리조트. 환상적인 바다 전망의 인피니티 풀은 마치 카리브해 바다를 헤엄치고 있는 듯한 느낌을 준다. 레스토랑의 수는 적지만 더 그릴 앳 1-26The Graill at 1-26과 라코치나La Cocina 는 외부에서도 찾을 만큼 인기가 많다.

📍 1a Avenida esquina Calle 26, Colonia Centro Playa del Carmen
☎ +52 984 875 1234
@ www.hyatt.com/en-US/hotel/mexico/grand-hyatt-playa-del-carmen-resort/cunpc
$ 2인 기준 킹 베드 284USD~(조식, 세금 포함/올 인클루시브+세금 포함 395USD~)
🌴 스파, 뷰티 살롱, 수영장, 바 & 레스토랑(4개), 24시간 인 룸 다이닝, 피트니스 센터, 미팅 시설, 자전거 대여

바이스로이 리비에라 마야 Viceroy Riviera Maya

플라야 델 카르멘의 자연 속에 어우러져 은신처 노릇을 톡톡히 하는 리조트다. 각각의 빌라에는 촉감 좋은 이집트산 면 시트가 덮인 침대가 있으며 테라스, 수영장, 야외 샤워장, 해먹 등이 하나의 그림처럼 놓여 있다. 단, 오션 뷰 빌라는 다른 투숙객의 시선이 머물 수도 있으니 선택 시 참고하자. 주문과 동시에 만들어주는 요리와 고대 마야인의 지혜가 담겨 있는 스파 트리트먼트는 숙박객이 모두 입을 모아 칭찬할 만큼 뛰어나다.

📍 Playa Xcalacoco Frac 7, 77710 Playa del Carmen Riviera Maya
☎ +52 984 877 3000
@ www.viceroyhotelsandresorts.com/en/rivieramaya
$ 2인 기준 로열 빌라 503USD~(조식, 세금 포함)
🌴 레스토랑(2개), 스파 & 웰니스, 피트니스 & 요가, 수영장, 전용 비치, 라이브러리 라운지

PLAYA DEL CARMEN SPECIAL

마야코바 Mayakoba

마야코바 Mayakoba

'물 위의 도시'라는 뜻의 마야코바는 야생과 럭셔리가 만나 구현할 수 있는 완벽한 합의 결정체다. 정글에 있는 세노테를 인공 수로로 연결해 바다로 이어지게 만들고 그 안에 4개의 안식처를 그림같이 배치해 휴양 낙원을 건설했다. 보트를 타고 각 리조트를 오고 갈 수 있으며 리셉션을 통해 미리 예약하면 기호에 맞는 다른 리조트의 레스토랑에서 식사를 할 수 있다. 카멜레온 같은 다양한 코스와 멋진 풍경을 자랑하는 엘 카멜레온El Camaleon 골프 코스는 매해 11월에 PGA 투어 마야코바 골프 클래식이 열리는 곳이다. 플라야 델 카르멘 다운타운에서 차로 약 20분 거리에 있으며 모든 리조트는 보안 검색대가 있는 마야코바 입구를 거쳐 다시 차로 5분 이상 가야 한다. 맹그로브 숲, 정글, 백사장이 펼쳐진 바다가 어우러져 평화로운 휴식을 선사하는 마야코바의 품으로 떠나보자.

Five-Star Resort

로즈우드 마야코바 Rosewood Mayakoba

마야코바에 자리한 4개 리조트 중 가장 은밀한 고품격 은신처다. 129개의 스위트는 수로와 해변을 따라 놓여 있으며 수로에 있는 스위트는 이동용 소형 보트 선착장이 연결되어 있어 색다른 풍경과 재미를 준다. 메인 레스토랑인 카사 델 라고Casa del Lago에서는 이탈리안과 멕시칸이 절묘하게 섞인 고급 요리를 선보인다. 스시와 100종류가 넘는 프리미엄 테킬라가 합을 이루는 아가베 아줄 스시 & 테킬라 바Agave Azul Sushi & Tequila Bar, 카리브해가 보이는 푼타 보니타Punta Bonita, 성인 전용의 비치 레스토랑인 아끼 메 께도Aquí Me Quedo 등 미각을 깨워주는 레스토랑도 놓칠 수 없다. 명성이 자자한 스파, 시즌별로 즐길 수 있는 액티비티는 물론 어린이를 위한 여러 가지 프로그램도 마련되어 있다.

🅿 Carretera Federal Cancun Playa del Carmen Km 298 Solidaridad, Quintana Roo

☎ +52 984 875 8000

@ www.rosewoodhotels.com/en/mayakoba-riviera-maya

$ 2인 기준 라군 스튜디오 스위트 킹 925USD~(조식, 세금 포함) 🌴 스파, 피트니스 센터, 수영장, 바 & 레스토랑(7개), 미팅 룸, 웨딩 & 이벤트

반얀트리 마야코바 Banyan Tree Mayakoba

반얀트리는 마야코바 안에 자리한 4개 휴식처 중 유일한 풀빌라 리조트로 123채의 빌라가 숲과 물길을 벗삼아 자연과 위화감 없이 조화를 이루고 있다. 가장 작은 2인용 풀빌라가 293㎡로 넓은 공간에서 누구의 방해도 없이 둘만의 오붓한 시간을 보내기에 부족함 없으며 4~6인용 빌라도 완벽하다. 도보로 다니기에는 벅찰 정도로 부지가 넓어 자전거나 골프 카트를 이용해야 한다. 섬세한 손길로 천연 재료를 사용해 심신의 안정뿐만 아니라 영혼까지 달래준다는 반얀트리 스파도 빼놓을 수 없다.

📍 Carretera Federal Chetumal-Puerto Juárez Km 298 Playa del Carmen, Quintana Roo
☎ +52 984 877 3688
@ www.banyantree.com/en/mexico/mayakoba
$ 비수기 Bliss Pool Villa $669~/성수기 Zen Grand Suite $803~(세금 포함, 조식 불포함)
🌴 스파, 비치 클럽, 바 & 레스토랑(10개), 뷰티 살롱, 반얀트리 갤러리, 수영장, 피트니스 센터, 테니스 코트

페어몬트 마야코바 Fairmont Mayakoba

마야코바의 리조트 중 가족 여행에 가장 적합한 곳으로 34개 스위트를 포함해 401개 객실을 보유하고 있다. 다른 3곳의 리조트와 마찬가지로 객실은 크게 비치프런트와 정글에 나뉘어 있다. 이 중에서도 비치프런트 카시타 스위트Beachfront Casita Suite에는 프라이빗 테라스에 자그마한 인피니티 풀이 딸려 있어 카리브해를 바라보며 오롯이 휴식을 만끽하기에 더없이 좋다. 5세까지는 페어몬트 레스토랑 3곳의 키즈 메뉴를 무료로 이용할 수 있고 쿠킹 클래스, 수제 맥주 시음 등의 다양한 프로그램을 제공한다.

📍 Carretera Federal Cancun, Playa del Carmen Km 298 Riviera Maya, Quintana Roo
☎ +52 984 206 3000
@ www.fairmont.com/mayakoba-riviera-maya
$ 2인 기준 페어몬트 룸 443USD~(조식, 세금 포함)
🌴 스파, 키즈 클럽, 바 & 레스토랑 7개, 24시간 인 룸 다이닝, 피트니스 센터, 뷰티 살롱, 수영장

안다즈 마야코바 리조트 리비에라 마야
Andaz Mayakoba Resort Riviera Maya

마야코바 4개의 안식처 중 가장 나중에 생긴 곳으로 하얏트 호텔 & 리조트에 속해 있다. 돌, 모래, 바다 등 자연에서 영감을 받아 안락하면서도 모던하게 꾸민 214개 객실이 돋보인다. 자전거를 타고 정글과 해변을 오가며 리조트 곳곳을 탐험하거나 마야코바에서 빼놓을 수 없는 정글 보트 투어를 신청해 둘러보면 좋다. 물론 리조트 내 이동 시 골프 카트 서비스를 이용해도 된다. 풍성한 조식을 원한다면 꼬시나 밀라그로Cocina Milagro에서, 현지 음식에 중점을 둔 조식이 좋다면 올라 타코Olla Taco에서 하루를 시작하자.

📍 Carretera Federal Cancun, Playa Del Carmen Km 298 Playa del Carmen-Solidaridad
☎ +52 984 149 1234
@ www.hyatt.com/ko-KR/hotel/mexico/andaz-mayakoba-resort-riviera-maya/cunam
$ 2인 기준 킹 베드 470USD~(조식, 세금 포함)
🌴 스파, 수영장, 피트니스 센터, 바, 레스토랑(4개), 웨딩 & 이벤트, 24시간 인 룸 다이닝

TULUM

여유로운 휴식이 기다리는 보헤미안 시크 휴양지

카리브해를 바라보고 있는 고대 마야 유적지로 유명한 툴룸은 칸쿤, 플라야 델 카르멘과는 또 다른 분위기와 독특한 매력으로 전 세계의 히 피족과 보헤미안을 끌어들인다. 툴룸은 크게 툴룸 타운Pueblo과 툴룸 비치Playa 지역으로 나뉘는데 순백색 모래사장과 청록색 바다, 야자 수로 이루어진 열대 정글, 해안가를 따라 늘어선 자연 친화적인 리조트와 트렌디한 레스토랑이 있는 툴룸 비치는 여행자라면 누구나 빠져들 수밖에 없는 완벽한 휴양지다.

찾아가기

개별 차량 | 칸쿤 공항 또는 칸쿤 시내에서 툴룸 비치 또는 숙박하는 호텔까지 프라이빗 트랜스퍼Private Transfer를 이용하면 좀 더 쉽고 편안하게 이동할 수 있다. 왕복 140~170USD 정도로 비용은 인당이 아닌 차량당으로 책정되기 때문에 2명 이상이 있을 경우 이용하는 것을 추천한다.

ADO 버스 | 칸쿤 시내에서 툴룸 타운 ADO 버스가 매일 06:00-22:15까지 하루에 18편 정도 운행되며 소요 시간은 2시간 30분, 요금은 디럭스 클래스가 176페소, 퍼스트 클래스가 136페소다. 툴룸 유적지까지 운행되는 버스는 하루 3편이며, 요금은 184페소다. 칸쿤 공항에서 툴룸 유적까지 운행되는 버스는 하루 3편, 요금은 262페소이며, 툴룸 다운타운까지는 160~178페소다.

교통편

자전거 | 툴룸의 해변 지역을 돌아볼 때는 자전거를 빌리는 것을 추천한다. 해변을 따라 많은 자전거 대여 회사가 있고 호텔에서도 숙박객을 위해 자전거를 대여해준다. 요금은 하루에 150페소~ 또는 약 8~10USD 정도.

택시 | 길이 좁아 주차하기 쉽지 않은 툴룸 비치에서는 렌터카보다 택시가 유용한 교통수단이다. 툴룸 해변의 북쪽 끝에서 남쪽 끝까지 100~150페소(5~9USD) 정도면 이동할 수 있다.

툴룸 여행 전에 알아두기!

√ **날씨와 방문 시기** 9월과 10월은 우기로 태풍이 상륙하는 시기이기도 하다. 성수기는 12~4월로 좀 더 낮은 요금에 숙박하려면 9~11월 또는 5월이 좋다.

√ **호텔 선정** 툴룸 비치에는 올 인클루시브 리조트가 없는 대신 개성 있는 소규모 부티크 호텔이 많다. 조식 포함 플랜으로 예약하고 점심과 저녁은 호텔 레스토랑이나 근처에서 해결해야 한다.

√ **예산** 저녁 식사는 최소 15~25USD 정도이며 가능한 한 멕시코 페소로 지불해야 절약된다.

√ **일정** 툴룸에서는 무엇을 많이 하려고 하기보다 비치에서 느긋한 휴식을 즐길 것을 추천한다. 일정에 여유가 있다면 툴룸의 마야 유적을 방문하거나 가까운 세노테를 방문해 스노클링을 해보자.

시안카안

| 자연 보호 구역 | **Sian Ka'an Biosphere Reserve**

툴룸 남쪽에 있는 자연 보호 구역으로 1987년에 유네스코 세계 유산으로 지정되었다. 열대 우림과 늪지, 산호초, 맹그로브, 충적지 등 다양한 환경이 보존되어 있으며 거미원숭이, 악어, 홍학, 바다거북 등 수천 종의 동식물이 서식하고 있다. 투어가 아닌 개별적으로 방문한다면 마야 유적지 뮤일Muyil에서 시안카안 보트 선착장까지 연결된 산책로로 이동하는 것을 추천한다.

📍 툴룸 비치에서 뮤일Muyil까지 차로 30분 🏠 Reserva de la Biosfera Sian Ka'an Tulum

$ 시안카안 입장료 50페소, 뮤일 입장료 45페소(주차 무료), 시안카안 라군 보트 탑승 1인 700페소 / 툴룸 출발 원데이 그룹 투어(픽업 포함) 142USD~

아쿠말 | 해변 | Akumal

툴룸과 플라야 델 카르멘 중간에 있는 해변 휴양 마을. 바다거북 서식지로 스노클링과 수영을 하면서 바다거북을 가까이에서 관찰할 수 있다. 비치 앞에 아쿠말 다이브 숍Akumal Dive Shop(홈페이지 akumaldiveshop.com/스노클링 1시간 50USD~)에서 스노클링이나 다이빙 체험 예약을 할 수 있다.

📍 툴룸 비치에서 차로 30분

🏠 Plaza Ukana I, Playa Akumal, Local 3, 77731 Akumal

Restaurant & Bar

타케리아 라 에우페미아

멕시칸 | Taqueria La Eufemia

야외 천장에 툴룸의 바다 색을 닮은 자동차들이 거꾸로 매달려 있어 눈길을 끄는 멕시칸 캐주얼 레스토랑으로 부담스럽지 않은 가격에 모히토와 맥주, 타코를 가볍게 즐길 수 있다. 무료 Wi-Fi도 제공한다.

📍 Carretera Tulum-Punta Allen

☎ +52 984 169 5353

🕐 12:00-22:00

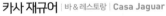

카사 재규어 | 바 & 레스토랑 | Casa Jaguar

낭만적 분위기의 정글 정원에서 생선이나 문어 같은 신선한 해산물로 만든 요리에
칵테일과 테킬라를 곁들여보자. 매주 목요일 밤에는 DJ가 하우스 뮤직을 연주하는
흥겨운 정글 파티가 열린다.

🏠　Carretera Boca Paila Km 7.5
☎　+52 984 202 2464　⏱ 18:00~23:00
@　casajaguartulum.com

더 리얼 코코넛 | 비건 레스토랑 | The Real Coconut

정면에 파란 바다를 두고 있어 시원한 전망과 여유로운 분위기를 만끽할 수 있는 곳
이다. 글루텐, 곡물, 유제품, 설탕을 사용하지 않은 토스트, 팬케이크, 타코, 퀘사디야,
과일 스무디 등 가벼운 아침 식사와 브런치로 즐기기 좋은 메뉴가 준비되어 있다.

🏠　Sanara Tulum Hotel, Km 8.2 Carreterra Tulum Boca Paila
☎　+52 310 933 6408
⏱　07:30~22:30
@　www.therealcoconut.com

아르카 툴룸 | 바 & 레스토랑 | Arca Tulum

툴룸 비치에서 가장 트렌디한 곳으로 꼽히는 레스토랑 아르카는 저녁 시간에만 문
을 여는 정글과 세련된 인테리어 공간이 묘하게 조화를 이루고 있는 바 겸 레스토랑
이다. 현지 식재료를 이용해 애피타이저나 샐러드, 육류 및 해산물 메인 요리 등 퓨전
멕시칸과 개성 있는 칵테일을 선보인다. 8인 이상만 예약할 수 있다.

🏠　Carretera Boca Paila Km 7.6
☎　+52 1 984 112 6823
⏱　18:00~22:30, 월요일 휴무
@　arcatulum.com

툴룸 Tulum

그란 세노테
Gran Cenote

하시타 호텔 Jashita Hotel Ⓗ
아쿠말 Akumal 📷

109

아데오 버스 터미널(툴룸 유적)
ADO Bus Station(Tulum Archeological Site) 🚍

307

툴룸 유적
Tulum Archeological Site 📷

아데오 버스 터미널(툴룸 다운타운)
ADO Bus Station(Tulum Downtown) 🚍

툴룸 다운타운
Tulum Downtown ●

307

엘 파라이소 호텔 툴룸
El Paraiso Hotel Tulum Ⓗ

15

파파야 플라야 프로젝트 Papaya Playa Project Ⓗ
아줄리크 Azulik Ⓗ
└ 킨토
Kin Toh 🍴

아르카 툴룸
Arca tulum 🍴

카사 재규어
Casa Jaguar 🍴

더 리얼 코코넛
The Real Coconut 🍴

타케리아 라 에우페미아
Taqueria La Eufemia 🍴

Ⓗ 비 툴룸 Be Tulum

Ⓗ 카사 말카 Casa Malca

15

시안카안
📷 Sian Ka'an Biosphere Reserve

파파야 플라야 프로젝트 Papaya Playa Project

툴룸 지역의 대표적인 친환경 휴식처다. 대형 리조트에서 볼 수 있는 다양한 편의 시설은 없지만 바다를 바라보며 밀림에 파묻혀 휴식을 만끽하기에 더할 나위 없이 좋다. 900m에 이르는 백사장, 카리브해, 시원스레 뻗은 야자수는 이국적인 풍경을 더하며 야생 식물이 군락을 이룬 정글 안에 약 100채의 카시타, 카바냐, 비치 하우스가 놓여 있다. 객실 벽은 멕시코 전통 건축 재료인 추쿰Chukum(추쿰 나무 수지와 석회석으로 만든 마감재)을 사용해 시원하며 보헤미안 스타일의 인테리어가 자연과 잘 어우러진다. 풀문 파티가 열리는 토요일이면 조용했던 해변이 DJ의 트렌디한 음악으로 뒤덮여 열기로 달아오른다.

🏠 Carretera Tulum Boca Paila, Km 4.5, Tulum ☎ +52 984 871 1160 @ www.papayaplayaproject.com
$ 2인 기준 방갈로 슈페리어 154USD~, 카시타 오션 프런트 605USD~(조식 포함)

아줄리크 Azulik

주변의 숲과 바다를 훼손하지 않도록 지어진 친환경적인 디자인 호텔로 객실에 TV, 전화, 전기 조명이 없어 차분하고 조용하게 자신에게 집중하기 좋다. 호텔 내에는 고대 마야 기법을 통한 서비스를 제공하는 전통 스파 시설과 페기 구겐하임의 증손자가 오픈한 친환경 아트 갤러리 IK랩IK Lab 등의 시설도 갖추고 있다.

🏠 Carretera Tulum Ruinas Km 5 Zona Hotelera, Tulum
☎ +52 984 980 0640 @ www.azulik.com
$ 2인 기준 정글 빌라 481USD~(조식 포함)

하시타 호텔 Jashita Hotel ★★★★★

번화가에서 벗어나 조용하게 쉴 수 있는 가장 이상적인 툴룸의 안식처다. 30개 객실은 모두 발코니가 있어 청록색 바다와 야자수 숲의 멋진 전망을 감상할 수 있다.

🏠 Baia Punta Soliman, Tulum
☎ +52 984 875 4158 @ www.jashitahotel.com
$ 2인 기준 슈페리어 디럭스 스위트 560USD~(조식 포함, 최소 2~3박 필수)

엘 파라이소 호텔 툴룸 El Paraiso Hotel Tulum ★★★

툴룸 대표 해변 중 하나인 파라이소 비치에 자리한 호텔로 툴룸 유적지가 도보 10분
이내에 있어 관광하기에 최적의 위치다. 총 11개 룸이 있으며 16명까지 수용할 수
있는 비치 하우스는 대가족 여행이나 소규모 모임 숙소로 각광받고 있다.

🏠 Carretera Boca Paila Mz. 3 Lote 2, Tulum Ruinas, Tulum
☎ +52 984 113 7089   @ www.elparaisohoteltulum.com/el-paraiso
$ 2인 기준 스탠더드 룸 288USD~(조식 포함)

비 툴룸 Be Tulum

비교적 한적한 툴룸 비치 남쪽에 있는 비 툴룸 호텔은 주변의 자연과 조화를 이루면
서도 세련미와 스타일리시함을 놓치지 않는다. 호텔 스파 시설 얀Yaan이 제공하는
오리지널 멕시코 테라피를 경험해보는 것도 추천한다.

🏠 Carretera Tulum-Boca Paila Km10, Tulum
☎ +52 984 980 0677   @ betulum.com
$ 2인 기준 정글 스위트 506USD~(조식 포함)

카사 말카 Casa Malca

콜롬비아 마약 왕 파블로 에스코바르의 비밀스러운 거주지가 선명한 색감이 돋보이는 부티크 호텔로 재탄생했다. 키스해링, 바스키아, 카우스의 작품이 곳곳에 전시되어 있어
마치 미술관에 온 듯한 즐거운 볼거리를 선사한다.

🏠 Carretera boca Paila Km 10.5 Tulum   ☎ +52 984 167 7154   @ www.casamalca.com $ 2인 기준 주니어 스위트 566USD~(조식 포함)

칸쿤 & 리비에라 마야 여행 정보

멕시코 Mexico

약 1억 3000만 명의 인구가 살고 있는 멕시코는 한반도의 9배에 이르는 면적을 자랑한다. 우리나라에도 잘 알려진 마야 문명과 아즈텍 문명의 발상지이며 약 300년 동안 스페인의 지배를 받은 후 1808년 독립했다. 세계에서 6번째로 해외여행객이 많이 찾는 나라이기도 하다.

1 한눈에 보는 칸쿤

지리	멕시코 남동부 킨타나로오Quintana Roo 주에 있는 해변 도시. 유카탄 반도 동쪽, 카리브 해안에 면해 있다.
시차	한국보다 14시간 늦다. (한국이 10월 2일 오전 9시면 칸쿤은 10월 1일 저녁 7시)
비행시간	경유 1회, 16시간 20분~18시간
날씨	열대 기후로 연평균 기온 26℃, 여름 평균 최고 기온 34℃. 건기인 11~3월이 베스트 시즌이며 6~11월은 우기로 허리케인은 오지 않더라도 스콜(열대 지방 소나비)을 종종 만날 수 있다.
비자	관광 목적의 단기 방문 시 90일~최대 180일까지 비자 없이 입국할 수 있다. 단, 미국을 경유할 경우 ESTA(미국전자여행허가) 취득이 반드시 필요하다.
언어	스페인어(칸쿤 호텔 존 등에서는 영어도 가능)
통화	멕시코 통화 단위는 페소로 보통 $ 기호를 사용한다. 1페소=약 58원, 1USD=19.5페소(2019년 1월 기준) 지폐는 20, 50, 100, 200, 500, 1000페소의 6종류, 동전은 1, 2, 5, 10페소와 5, 10, 20, 50센타보(1페소=100센타보)의 8종류를 사용한다.
현금 및 신용 카드	관광지와 호텔 존에서는 미국 달러도 통용된다. 단, 팁을 주거나 택시, 버스 탑승을 대비해 페소를 가지고 있는 것이 좋다. 시내 대형 쇼핑몰이나 레스토랑, 상점에서도 VISA 및 MasterCard 등 해외 대응 카드를 사용할 수 있지만, 간혹 불가한 곳도 있으므로 현금을 준비하자.
전압	110~120V

2 알아두면 유용한 칸쿤 실용 정보

멕시코 공휴일

칸쿤 시내나 호텔 존에 있는 대부분의 호텔, 레스토랑, 액티비티는 연중무휴로 공휴일에도 운영되는 곳이 많다.

날짜	공휴일명
1월 1일	신년 공휴일Año Nuevo
2월 제1 월요일	제헌절Aniversario de la Constitución Mexicana
3월 21일 이전 월요일	베니토 후아레스 탄생일Natalicio de Benito Juarez
3월 말~4월 초(매년 변경)	부활절 휴일Semana Santa
5월 1일	노동절Día del Trabajo
9월 16일	독립기념일Aniversario de la Independencia 1810
11월 셋째 월요일	혁명기념일Aniversario de la Revolución Mexicana
12월 25일	성탄절Navidad

날씨와 옷차림

칸쿤의 연평균 기온은 26℃, 여름 최고 온도 평균은 34℃ 정도다. 허리케인 시즌은 6~11월인데 이 시기에는 허리케인이 오지 않더라도 비가 내리는 날이 많다. 이곳의 비는 소나기성으로 비 온 후 바로 맑아지는 경우도 많다. 외부는 덥지만 실내에 들어가면 에어컨 때문에 온도가 낮아 쌀쌀할 수 있으니 얇은 겉옷을 준비하는 것이 좋다.

칸쿤 최고 · 최저 기온(℃)

월	1월	2월	3월	4월	5월	6월	7월	8월	9월	10월	11월	12월
최고 기온	28	30	31	32	34	34	34	35	34	32	30	29
최저 기온	20	20	21	24	25	25	25	25	24	24	22	21

칸쿤 연평균 강수량(㎜)

월	1월	2월	3월	4월	5월	6월	7월	8월	9월	10월	11월	12월
강수량	105	50	46	29	89	141	70	88	184	282	128	90

팁 문화

레스토랑 | 총액의 10~15% 정도 팁을 지불하며 서비스 요금이 포함되어 있는 경우라면 팁은 별도로 지불하지 않아도 된다. 최근에는 신용 카드로 결제할 때 10% 또는 15% 중에서 선택하면 자동적으로 팁이 부과되는 시스템을 도입한 곳도 많아서 편리하게 팁을 지불할 수 있다.

마리아치 | 호텔이나 레스토랑에 고용된 마리아치에겐 팁을 주지 않아도 되지만 직접 내 테이블로 와서 신청곡을 따로 불러줄 경우 10USD 정도의 팁을 지불한다. (거리 음악가가 레스토랑에 들어와 노래를 부르는 경우 10~20페소 정도)

호텔 | 포터와 룸서비스는 20페소 정도, 짐의 양이나 크기, 서비스 내용에 따라 지불한다.
택시 | 금액의 끝자리를 반올림해주거나 거스름돈을 팁으로 건네준다.
현지 투어, 액티비티 | 드라이버는 1인 50페소, 가이드는 10USD 정도로 시간과 내용에 따라 지불한다.

물가

우리나라에 비해 물가가 저렴한 센트로와 달리 관광객이 몰리는 호텔 존은 물가가 비싼 편이다. 칸쿤 시내 곳곳에 있는 옥쏘OXXO나 서클케이Circle K 같은 편의점을 기준으로 했을 때 물 600㎖ 5~8페소, 맥주 1캔 15페소, 감자 칩이 16페소 정도이며 푸드 트럭의 타코 1개 20페소, 호텔 존 레스토랑은 500페소 전후, 다운타운 레스토랑에서는 100페소 전후로 식사를 할 수 있다.

환전

호텔 존에서는 US 달러를 쓸 수 있지만 약간의 페소는 가지고 있는 것이 좋으며 멕시코 페소는 되도록이면 한국에서 환전을 해가는 것이 좋다. 환전 금액은 일정에 따라 다르지만 적어도 2인 기준 70~80만 원 정도가 적당하다. 칸쿤 공항뿐 아니라 시내 곳곳에 있는 은행과 환전소, 호텔에서도 환전을 할 수 있다. 단, 공항 환전소는 환율이 좋지 않은 편이므로 꼭 필요한 경우가 아니라면 칸쿤 시내나 호텔 존 환전소를 추천한다. 외환은행이나 시티은행의 국제현금체크카드를 갖고 있다면 ATM에서 일정 금액의 수수료를 지불하고 현지 화폐로 출금해 사용할 수 있다.

전화와 인터넷

멕시코 전화 국가 번호는 +52, 칸쿤 지역 번호는 998이다. 칸쿤 호텔 존의 리조트 대부분에는 Wi-Fi를 유료 또는 무료로 사용할 수 있지만 통신 상태에 따라 연결이 잘 되지 않는 곳이 많다. 본인이 사용하는 통신사의 해외 로밍 서비스를 이용하는 것이 가장 쉬운 방법이지만 포켓 Wi-Fi 대여, 현지에서 SIM 카드를 구입하면 비용을 좀 더 절감할 수 있다.

SIM 카드 구매 | SIM 카드를 구매한 후 현지 번호로 개통할 때는 여권과 현금(300~500페소)이 필요하다. 멕시코 통신사는 텔셀Telcel, 아메리칸 텔레폰 & 텔레그래프AT&T, 모비스타Movistar 등이 있으며 3사 중 가장 통신망이 넓고 속도가 빠른 텔셀을 추천한다. 사용량과 체류 기간에 따라 구입할 수 있으며 SIM 카드를 활성화(사용 가능한 상태)하는 수수료가 부과된다. 시내에 있는 텔셀 숍이나 옥쏘OXXO 같은 편의점에서도 살 수 있다.

포켓 Wi-Fi 대여 | 포켓 Wi-Fi는 해외 로밍 서비스보다 값이 싸고 기기 한 대로 여럿이 함께 쓸 수 있다는 장점이 있다. 온라인 예약 사이트에서 미리 예약하고 출국 당일 공항에서 수령하면 된다.
와이파이 도시락 www.wifidosirak.com
링크스토리 smartstore.naver.com/linkstory

세금 환급 Tax Back

TaxFree 또는 Moneyback 로고가 부착되어 있는 상점에서 쇼핑을 한다면 지불 금액의 8.9%를 돌려받을 수 있다. 현금 쇼핑 시 구입액 3000페소까지, 신용 카드 구매 시 1200페소부터 환급 가능하다. 세금 환급을 받을 때는 여권을 반드시 지참해야 한다.

세금 환급 방법 |
1 TaxFree 또는 Moneyback 로고가 부착되어 있는 상점에서 쇼핑한 후 상점에서 세금 환급용 인보이스를 요청한다. "Factura, por favor(영수증 부탁합니다)"라고 말한 후 외국인용 번호를 제시하고 인보이스를 발급받는다. 요청하는 경우 외국인용 납세국 번호(RFC) XEXX010101000를 제시할 것.
2 여권, 인보이스, 카드 영수증, 출입국 카드, 보딩 패스 각각의 복사본을 지참하고 공항, 쇼핑몰 등에 있는 세금 환급 사무실을 방문한다.
3 서류 접수 후 심사 과정을 거쳐 45일 안에 아멕스, 비자, 마스터 신용 카드로 환급금이 들어온다. 홈페이지 moneyback.mx에 방문하면 Moneyback 가맹점의 한글판 세금 환급 서류를 PDF 파일로 다운로드받을 수 있다. 서류를 미리 작성해두면 공항에서 빨리 처리할 수 있다. 단, 영어나 스페인어로 작성해야 한다.

칸쿤 공항 내 세금 환급 사무실 위치 |
• 제2 터미널, 공항 검색대 통과 후 오른쪽 면세점 지나 에스컬레이터. 2층 VIP 라운지 앞
• 제3 터미널, 공항 검색대 통과 후 면세점 지나 게이트 21 정면

칸쿤 호텔 존 세금 환급 사무실 위치 | 라 이슬라 쇼핑 빌리지, 럭셔리 애비뉴 쇼핑몰

세금 환급 미적용 품목 | 호텔 식당, 택시, 항공료 등의 서비스, 식품, 서적, 의약품, 무알코올 음료, 개봉된 주류 등

치안

여행 경험이 많은 사람도 멕시코나 칸쿤의 치안에 대해 불안을 느끼고 있을지도 모른다. 그러나 관광객이 가장 많이 방문하는 칸쿤 호텔 존은 다른 나라와 마찬가지로 치안이 비교적 안전하며 해외여행 시 주의해야 할 기본적인 사항만 잘 지키면 안전하게 여행을 즐길 수 있다.

1 위험 지역이나 인적이 드문 장소는 되도록 접근하지 않는다.
2 밤에는 가능한 한 혼자 다니지 않는다.
3 고가의 장신구나 제품을 소지하지 않는다.
4 밖에서뿐만 아니라 레스토랑, 호텔 객실 내에서도 소지품 관리를 철저하게 한다.

비상 연락처

대사관
🏠 Lopez Diaz de Armendariz 110, Col. Lomas de Virreyes Deleg Miguel Hidalgo, Mexico D.F. CP11000(우편 번호)
☎ +52 55 5202 9866
근무 시간 외 연락처(당직 전화) :
+52 155 1391 4778
@ embcoreamx@mofa.go.kr
⚠ +52 1 55 5437 8587, 카톡 아이디 polichanc, 이메일 iglee15@mofa.go.kr

여행 시 유용한 애플리케이션

	아데오 모빌 ADO Móvil	멕시코 대표 버스 회사 ADO(아데오)의 애플리케이션으로 버스 스케줄과 요금을 확인할 수 있다.
	구글 지도 Google Map	구글 지도는 길 찾기와 운전, 도보 이동을 위한 내비게이션, 최적의 경로 탐색에 도움이 된다.
	맵스미 Maps.Me	지도를 미리 다운로드하면 인터넷 연결 없이 휴대폰에 있는 GPS 기능을 이용해 현재 본인의 위치와 가고 있는 방향을 알 수 있다.
	구글 번역 Google Translate	스페인어, 영어 등 103개 언어를 번역해주며 미리 다운로드받으면 인터넷 연결 없이 오프라인으로도 언어를 번역해주기 때문에 편리하다.
	야후 날씨 Yahoo Weather	일기 예보나 최신 날씨 정보를 확인할 수 있는 애플리케이션.
	항공사 애플리케이션 Delta Air Lines	이용하는 항공사의 애플리케이션을 다운로드해두면 항공편 예약, 좌석 지정, 탑승권 체크인은 물론 급작스러운 항공편 지연, 게이트 변경 등을 확인할 수 있다.
	웨이즈 Waze	교통 정보나 도로 상황을 실시간으로 체크해 길 안내를 해주는 내비게이션 애플리케이션.

3 칸쿤 여행 준비하기

항공

현재 우리나라에서 칸쿤까지 바로 가는 직항 편은 없기 때문에 멕시코의 수도 멕시코시티나 미국의 댈러스, 애틀랜타 등을 경유해야 한다. 주로 많이 이용하는 항공사는 델타항공(DL), 아메리칸 에어라인(AA), 아에로멕시코(AM)가 있다.

델타항공 | 인천에서 애틀랜타까지 13시간, 애틀랜타에서 칸쿤까지 2시간 50분 소요 / 1인 기준 왕복 항공권은 대략 150만 원 선.

아메리칸 에어라인 | 인천에서 댈러스까지 13시간, 댈러스에서 칸쿤까지 2시간 30분 소요 / 1인 기준 왕복 항공권은 대략 120만 원 선.

아에로멕시코 | 인천에서 멕시코시티까지 13시간 30분, 멕시코시티에서 칸쿤까지 2시간 30분 소요 / 1인 기준 왕복 항공권은 대략 120만 원 선.

호텔

칸쿤 여행에서 호텔 선정은 매우 중요하다. 올 인클루시브 호텔과 중저가 호텔을 섞어서 이용하거나 호텔 프로모션을 잘 이용하면 비용을 절약할 수 있고, 각 호텔의 부대시설과 어메니티, 호텔 프로그램을 꼼꼼히 살펴 자신의 여행 스타일에 맞는 호텔을 선택하는 것이 좋다.

올 인클루시브와 중저가 호텔의 조합 | 투어나 칸쿤 근교로 이동해 하루를 보내거나 여행 일정의 마지막 날은 올 인클루시브 혜택을 제대로 누리지 못하는 경우가 많기 때문에 올 인클루시브 리조트와 중저가 호텔을 조합하면 가성비를 높일 수 있다. 칸쿤 호텔 존에서 추천하는 중저가 호텔로는 알로프트 칸쿤Aloft Hotel Cancun, 크리스탈 그랜드 푼타 칸쿤Krystal Grand Punta Cancun, 인터컨티넨탈 프레지덴테 칸쿤Intercontinental Presidente Cancun Resort 등이 있다.

프로모션 이용 | 고가 호텔의 경우 프로모션을 잘 이용하면 한층 저렴하게 이용할 수 있다. 칸쿤에서 4박을 할 예정이라면 3+1 프로모션을 이용해보자. 프로모션 이용 시 요금 할인, 룸 업그레이드, 공항 픽업과 샌딩 등 여러 가지 혜택도 함께 제공한다.

여행자 보험

여행지에서의 예기치 않은 사고나 질병 등에 대비하기 위한 여행자 보험 역시 칸쿤 여행 전 필수 준비 사항이다. 환전이나 해외 로밍 서비스를 이용할 때 여행자 보험 혜택을 추가하거나 신용 카드사의 혜택으로 여행자 보험 가입을 제공해주기도 한다. 여행자 보험 가입 시 보장 금액과 휴대품 손해, 보장 항목은 어떤 것이 있는지 잘 살펴보아야 한다.

휴대품 손해 | 해외여행 중 물품을 도난 당했을 때는 반드시 현지 경찰서에서 발급하는 도난 신고 확인서 Police Report를 받아두어야 한다(수수료 200페소 정도). 보상금을 수령할 때 이러한 객관적인 자료가 필요하다.

투어

치첸이트사나 툴룸 등 마야 유적을 탐방할 수 있는 투어와 스칼렛, 셸하, 셸바티카, 익스플로르 등 어트랙션이 갖춰진 테마파크로의 여행, 디너 크루즈, 세노테나 이슬라 무헤레스, 핑크 라군 등 칸쿤 근교를 방문하는 근교 투어 등 칸쿤에는 다양한 옵션 투어가 있다. 여행사에서 여행 상품을 구매하는 경우 원하는 투어를 추가할 수 있으며 현지에서도 호텔 컨시어지를 통해 투어를 구매할 수 있다.

4 칸쿤 출입국

칸쿤 국제공항

칸쿤 국제공항Cancun Airport International은 Cancun-Chetumal 고속 도로에서 22km 떨어진 칸쿤 시 외곽에 있다. 공항은 2017년 11월에 개설된 4터미널을 포함해 4개 터미널을 보유하고 있다. 터미널 1은 전세기 및 전용 항공기에만 사용된다. 칸쿤 공항 터미널에서는 Wi-Fi를 제공하지 않지만 일부 비즈니스 라운지에서는 이용할 수 있으며 은행, 면세점, 편의점, 푸드 코트, 레스토랑, 관광 정보 부스, 휴게실, 로커, 의료 서비스, 자동판매기 등의 편의 시설을 갖추고 있다.

Terminal 2와 3 | 국제선을 운행하는 제2 터미널은 델타항공, 제3 터미널은 아메리칸 에어라인, 유나이티드 에어라인 등의 항공사가 취항하고 있어 미국을 경유해 칸쿤으로 들어갈 때 주로 이용하는 터미널이다. 제2 터미널과 3터미널에는 무료 Wi-Fi와 음료, 스낵을 제공하는 메라 비즈니스 라운지Mera Business Lounge를 오전 5시부터 오후 11시까지 운영한다.

Terminal 4 | 가장 최근에 문을 연 국제선 제4 터미널은 에어로 멕시코나 에어프랑스, 루프트한자 등의 항공사가 취항하고 있다. 터미널 내 스타벅스와 편의점, 레스토랑, 면세점 등의 편의 시설이 있다.

칸쿤 공항에서 인터넷 | 칸쿤 국제공항은 무료 Wi-Fi를 제공하지 않기 때문에 인터넷 이용 시 요금을 지불해야 한다. 스타벅스 등의 카페에서도 연결이 잘 되지 않으므로 도착하자마자 급하게 인터넷을 사용해야 한다면 한국에서 미리 포켓 Wi-Fi 등을 준비해가는 것이 좋다.

칸쿤 공항에서 환전 | 택시와 셔틀버스는 US 달러로 지불할 수 있지만 페소 요금이 더 저렴하다. 단, 공항 환전소는 환율이 좋지 않기 때문에 가능하면 시내에 가서 환전하는 것이 좋다.

칸쿤 출입국

입국

1 국제선 공항에 도착하면 먼저 입국 심사가 있다. 기내에서 받은 입출국 카드와 세관 신고서를 미리 작성해서 제출한다. A-1은 입국 카드, A-2는 출국 카드로 양쪽 모두 작성해야 한다. 입국 심사 시 담당관이 여행 목적, 체류 기간, 체류 장소를 묻는 경우가 있으므로 호텔 주소 등을 준비해두자. **여권과 함께 A-2 출국 카드 부분은 돌려받는데 출국 시 제출해야 하므로 잘 보관해야 한다. (분실 시 벌금 부과)**

2 입국 심사가 끝나면 탑승한 도시와 비행기 편명이 표시되어 있는 턴테이블에 가서 짐이 나올 때까지 대기했다가 짐을 찾는다. 반드시 본인의 짐이 맞는지 체크해야 하며 파손, 분실 등 곤란한 일이 있으면 공항 내 각 항공사의 수하물 수취 카운터에 문의하도록 하자.

3 짐을 받으면 세관 직원이 있는 카운터로 이동한다. 여기에서 세관 신고서를 제출한다. 입국 전 면세점에서 고가품이나 주류, 담배를 구입하려고 한다면 입국 여행자 휴대품 통관 규정을 살펴보자. 이에 초과될 경우 상당히 높은 세금이 부과될 수 있다.

출국

출발 2~3시간 전 공항에 가서 각 항공사에서 체크인을 한다. 이티켓을 받고 짐 검사 후 수하물을 맡기고 화물 인수증Claim Tag을 받는다. 멕시코는 다른 국가와 달리 출국할 때 여권에 스탬프를 찍지 않는다.

> **TIP 이것도 알아두자!**
>
> ## 멕시코, 칸쿤 입국 시 여행자 휴대품 통관 규정
>
> - 주류 최대 3l의 와인 또는 술
> - 담배 1인 10팩의 담배(한 보루), 시가 25개비 또는 200g의 담배
> - 외국환 최대 미화 1만 달러 *미화 500달러까지의 물품

5 칸쿤 교통편

개별 차량 Private Transfer

공항에서 칸쿤 시내 및 플라야 델 카르멘, 툴룸 등의 도시로 이동할 때 가장 편리하게 이용할 수 있는 것이 개별 차량이다. 콜렉티보나 버스같이 차량을 공유하는 것이 아니기 때문에 본인이 원하는 목적지까지 바로 이동할 수 있다. 차량당 요금이 책정되므로 가능하면 2인 이상 이용하는 것이 이득이다.
특히 칸쿤 호텔 존은 버스로 이동할 수 없으므로 공항에서 숙박하는 호텔까지 프라이빗 셔틀을 이용하는 것이 경제적이다. 각 업체 홈페이지에서 예약할 수 있으며 이용 날짜와 인원, 출도착 항공편 및 숙박 호텔을 넣어서 예약하고 결제도 미리 할 수 있다. 바우처는 프린트해서 지참하는 것이 좋다.

개별 차량 업체 |
www.usa-transfers.com
www.supershuttle.com
happyshuttlecancun.com

행선지	출발지	소요 시간	요금
칸쿤 호텔 존	칸쿤 공항	20분	왕복 55USD~
플라야 델 카르멘	칸쿤 공항	45~50분	왕복 110USD~

택시 Taxi

택시는 칸쿤과 멕시코에서 많이 사용되는 교통수단이지만 택시에 미터기가 설치되어 있지 않기 때문에 탑승 전에 목적지를 말하고 가격을 협상해야 한다. 칸쿤 다운타운은 한 번 탑승 시 차량당 40~50페소, 호텔 존은 한 번 탑승 시 차량당 80~200페소로 칸쿤 다운타운보다 호텔 존의 택시 요금이 월등히 높은 편이다.

아데오 버스 ADO BUS

멕시코 곳곳을 연결하는 ADO 버스는 비교적 정확한 시간 엄수, 에어컨이 설치되어 있는 편안한 차량으로 자유여행에 유용한 교통수단으로 이용된다. 버스 정류장 하차 후에는 택시를 이용해야 하는 경우가 많으니 가능하면 멕시코 페소 현금을 가지고 있는 것이 좋다.

행선지	출발지	소요 시간	요금
칸쿤 다운타운	칸쿤 공항	25분	편도 86페소
플라야 델 카르멘	칸쿤 공항	1시간 20분	편도 208페소
	칸쿤 다운타운	1시간 30분	편도 174페소
툴룸 시내	칸쿤 공항	2시간 30분	편도 262페소
툴룸 유적지	칸쿤 다운타운	2시간 30분	편도 184페소

버스 종류 | 금액에 따라 AU, ADO(OCC), ADO gl, ADO Platino로 나뉘어 있으며 ADO gl에는 여유 있는 공간의 좌석마다 전기 콘센트와 발 받침대가 있고 최고급 사양의 ADO Platino는 2열, 1열의 총 3열 버스로 버스 내 남녀 화장실이 있으며 침대형의 안락한 좌석에는 모포와 베개, 전기 콘센트, 소형 모니터가 설치되어 있다.

버스 티켓 구매 방법 | ADO 버스의 경우 ADO Movil이라는 애플리케이션을 다운받으면 사전에 스케줄 확인과 예약이 가능한데 안타깝게도 한국에서 발행된 신용카드로는 결제가 되지 않는다. 애플리케이션에서 스케줄을 확인하고 현지에서 결제하는 것이 좋다. 휴일을 제외하고는 티켓이 남아 있는 경우가 많기 때문에 출발하기 1시간 전에 각 버스 터미널 매표소 창구와 티켓 자동판매기에서도 구매할 수 있다. 또는 클릭버스라는 중남미 버스 예매 대행 사이트에서도 예매할 수 있으며 인터넷 예매 시 홈티켓을 출력할 수 있다. 2주 전에 미리 구매하면 요금이 할인되지만 인터넷 예매 시 10%의 수수료가 부과된다.

버스 예매 사이트 | www.ado.com.mx
www.clickbus.com.mx (예약 대행, 수수료 별도)

콜렉티보 Colectivo

멕시코 현지인이 주로 이용하는 교통 수단의 하나로 소형 밴에 여러 명의 승객이 함께 타서 이동하는 합승 버스다. 인원수가 모이는 대로 출발하며 중간에 승객을 태우기도 하면서 목적지까지 이동한다. 정류장이 표시되어 있지 않고 홈페이지가 따로 운영되지 않아 관광객이 이용하기에 어려움이 많지만 저렴한 가격에 이동할 수 있다는 장점이 있다.

어디서 탈까 | 칸쿤 다운타운에서 플라야 델 카르멘으로 가는 콜렉티보(플라야 익스프레스Playa Express로도 불린다)는 ADO 버스 터미널 입구 건너편에서 탑승한다. 플라야 델 카르멘에서 칸쿤으로 가는 콜렉티보는 20번가 거리와 25번가 거리 사이에, 플라야 델 카르멘에서 툴룸으로 가는 콜렉티보는 15번가와 20번가 거리 사이에 있다.

요금 | 보통 10~50페소 정도로 현금으로만 결제할 수 있다. 탑승 전에 목적지를 말하고 요금을 지불한 뒤 탑승하면 된다. (칸쿤에서 플라야 델 카르멘까지는 38페소, 플라야 델 카르멘에서 툴룸 시내까지 40페소)

렌터카 Rental Car

예약 현지에 가서 렌터카를 이용하려면 서류를 작성하는데 시간이 상당히 소요되므로 인터넷에서 미리 이용할 렌터카를 예약하는 것이 좋다. 렌터카 가격 비교 사이트(www.rentalcars.com)에서 허츠Hertz, 아비스Avis, 알라모Alamo, 버짓Budget 등 다양한 대형 렌터카 브랜드의 가격과 포함 사항을 비교해보자. 보험은 풀커버 조건으로 가입하는 것을 추천한다.

픽업 칸쿤 공항 또는 픽업 가능한 곳에서 차량을 받은 후에는 차량 내부, 외부의 사진 또는 동영상을 미리 촬영해두자. 렌터카의 번호판은 빨간색인데 간혹 번호판이 없는 차량이 있을 수 있으므로 꼭 확인해야 한다.

반납 일정 마지막 날에 공항에서 렌터카를 반납한다면 항공 출발 시간보다 3시간 전엔 도착해 반납 수속을 진행하는 것이 좋다.

🛂 여권, 신용카드, 국제 운전 면허증

⚠ 칸쿤이 있는 유카탄 반도는 도로가 넓고 비교적 단순해 운전하기 어렵지는 않다. 하지만 사고나 차량에 문제가 생겼을 때 외국인이 대처하기 쉽지 않으므로 가능하면 개별 차량이나 택시, 버스를 이용할 것을 추천한다.

6 여행에 유용한 스페인어 한마디

간단한 인사말 / 사람을 만났을 때 표현

Hola	올라	안녕하세요
Buenos días	부에노스 디아스	아침 인사
Buenas tardes	부에나스 따르데스	오후 인사
Buenas noches	부에나스 노체스	밤 인사, 잘 자
Sí / No	씨 / 노	네 / 아니오
Gracias / Muchas gracias	그라시아스 / 무챠스 그라시아스	고마워요 / 정말 감사합니다
De nada	데 나다	천만에요
Lo siento	로 씨엔또	미안합니다, 죄송합니다
Perdón	뻬르돈	실례합니다, 여기요(부를 때)
Mucho gusto	무쵸 구스또	만나서 반갑습니다, 처음 뵙겠습니다
Me llamo A	메 야모 A	제 이름은 A입니다
¡Adiós! / ¡Chao!	아디오스 / 챠오	안녕히 가세요

레스토랑 · 상점에서의 표현

Me puede recomendar?	메 뿌에데 레꼬멘다르?	메뉴 추천해주시겠어요?
Por favor	뽀르 파보르	부탁합니다, ~ 주세요
La cuenta por favor	라 꾸엔따 뽀르 파보르	계산서 부탁합니다
Agua sin gas	아구아 씬 가스	(탄산이 들어 있지 않은) 일반 물
Agua con gas	아구아 꼰 가스	탄산수
¿Cuanto cuesta?	꾸안또 꾸에스따?	얼마예요?
Uno, dos, tres, cuatro	우노, 도스, 뜨레스, 꾸아뜨로	1, 2, 3, 4
¿Puedo pagar con tarjeta?	뿌에도 파가르 꼰 따르헤따?	카드로 지불할 수 있나요?

음식 주요 단어

Cerveza 쎄르베싸 맥주 / Pescado 뻬스까도 생선 / Marisco 마리스꼬 해산물 / Langosta 랑고스따 바닷가재
Carne de res 까르네 데 레스 쇠고기 / Puerco 혹은 Cerdo 뿌에르꼬 혹은 쎄르도 돼지고기 / Pollo 뽀요 닭고기 / Postre 뽀스뜨레 디저트 /
Ensalada 엔살라다 샐러드 / Sopa 소빠 수프 / Plato vegetariano 쁠라또 베헤따리아노 채식 요리 / Coca 꼬까 코카콜라

여행 시 유용한 표현 / 길 묻기

¿Donde está~?	돈데 에스따~?	~는 어디입니까?
¿Donde está el baño?	돈데 에스따 엘 바뇨?	화장실은 어디입니까?
A la derecha	알라 데레차	오른쪽으로
A la izquierda	알라 이스끼에르다	왼쪽으로
Entrada / Salida	엔뜨라다 / 살리다	입구 / 출구
¿Dónde se puede tomar un taxi?	돈데 세 뿌에데 또마르 운 딱씨?	택시를 어디서 탈 수 있나요?
Aeropuerto	아에로뿌에르토	공항
Al aeropuerto, por favor	알 아에로푸에르토 뽀르 파보르	공항으로 가주세요
¿Puedo tomar una foto?	푸에도 또마르 우나 포토?	사진을 찍어도 될까요?
No hablo español	노 아블로 에스빠뇰	스페인어를 못합니다
¿Habla usted inglés?	아블라 우스 떼드 잉글레스?	영어를 할 줄 아세요?

Chalet

TRAVEL & LIFE

와이파이
도시락

해외에서 데이터 고플 땐

와이파이도시락
10% 할인

와이파이도시락이란?
세계 각 국가별 이동통신사의 3G/4G(LTE) 신호를
Wi-Fi 신호로 바꿔주는 데이터로밍 단말기입니다.

지금 예약하세요
chalettravel.wifidosirak.com

SM DUTYFREE

SM DUTYFREE
Special Coupon
SMART SHOPPING, GOOD MEMORIES

QR코드로 연결된 웹페이지에서
용도에 맞는 쿠폰을 다운 받아
사용하세요.

Chalet
TRAVEL & LIFE

' 샬레트래블 북 '
독자들께 드리는
SM면세점 특별 할인 쿠폰 혜택

«

CHALET TRAVEL BOOK

Chalet
TRAVEL & LIFE

나를 위한 **프라이빗 여행 컨설팅**,

샬레트래블앤라이프

샬레의 맞춤여행은 패키지여행처럼 단순하거나

자유여행처럼 어렵지 않습니다.

고객 한분 한분에게 꼭 맞춘 프라이빗 여행 컨설팅을 통해

세상 어디에도 없는 나만의 여행을 완성해 드립니다.

여행이 그리운 모든 순간, 샬레가 함께 합니다.

Private
Travel Consulting

www.chalettravel.kr   tel 02.323.1280

샬레트래블 무크

CANCUN

칸쿤

초판 발행 2019년 3월 15일

글 | 이주경, 박민주

사 진 | 이주경, 정소현

펴낸이 | 강승희 강승일

펴낸곳 | ㈜샬레트래블앤라이프

편 집 | 샬레트래블앤라이프 출판팀

디자인 | 최윤선

지 도 | 김선애

출판등록 | 제 313-2009-66

주소 | 서울시 마포구 서교동 어울마당로 5길 26. 1~5F

전화 | 02-323-1280

판매문의 | 02-336-8851 shop@chalettravel.kr

내용문의 | travelbook@chalettravel.kr

ISBN 979-11-88652-11-2 13940

값 10,000원

CHALET Travel Mook는 ㈜샬레트래블앤라이프의 출판브랜드입니다.

www.chalettravel.kr